「いつか」は決して訪れない

人生の決め方

INITIATIVE THINKING

山岸洋一
YAMAGISHI HIROKAZU

SOGO HOREI PUBLISHING CO., LTD

まえがき

私たちはいま、おびただしい量の情報に囲まれて生きています。本、雑誌、ネットの記事など、「成功」や「幸福」に関する情報だけでも、その気になればいくらでもアクセスすることが可能です。

しかし、どう生きればいいか、どうすれば成功できるかという情報が世の中に増えれば増えるほど、「自分は何をしたいのかわからない」「どう生きればいいのだろう」と迷う人々が増えているようです。まるで情報の洪水に溺れてしまっているかのようで、誰も解決策を提示できないでいます。

大切なのは、自分の人生を取り戻すことではないでしょうか。

本書のメインテーマは、「イニシアティブシンキング」です。イニシアティブという言葉には、主導権を握るという意味があります。

本来、自分の人生の主導権を握るのは、ほかならぬ自分自身であるべきです。しかし、さまざまな要因によってそれが難しくなっています。それはなぜなのか、どうすれば主導権を取り戻せるのかが、本書でお伝えしたいことです。ここに書かれていることを実践していただければ、人生の主導権を自分で握っているという充実感を得られるはずです。

私は、セミナーやコンサルティングを通して、成功を求める人たちと接することを仕事にしてきました。20年ほどの経験の中で、幸運にも偉大な先輩たちから直接教えを受ける機会に恵まれました。

特に『7つの習慣』で有名なスティーブン・R・コヴィー博士からは、多くのことを学ばせていただくと同時に、一緒に仕事をするという貴重な機会に恵まれました。

『7つの習慣』は、そのノウハウをもとに、学校の授業にも生かされています。コヴィー博士が来日されたとき、千葉県のある小学校まで、授業を見学に行ったことがあります。

小学校に到着すると、コヴィー博士に会えるということで子どもたちはとても喜び、歓迎してくれました。見学会は大成功。終わってからも、子どもたちがコヴィー博士を囲み、我先にと質問を続けていました。

しかし、その日のスケジュールはタイトで、見学後すぐに、次のイベントのために都内に戻らなければいけませんでした。

コヴィー博士に「そろそろ出ましょう」と伝えると、彼はやさしく私の目を見て言いました。

「いま、私たちにとって最も大切なことは何だ？　この子どもたちの笑顔だろう。いますぐにこの場を離れることが、子どもたちの笑顔を大切にすることになるのかな？」

この言葉に私は感動し、自分が小さく感じられました。結局コヴィー博士はそのまま子どもたちからの質問を受け続け、小学校を出る頃には予定より30分も過ぎていました。

急いで車に乗り込んだとき、コヴィー博士は笑いながら私に声をかけました。

「次のイベントはどうにかなる。お前がどうにかしてくれると信じているよ」

実際に高速道路での移動が怖いほどにスムーズで、次のスケジュールに支障をきたすことはありませんでした。都内に戻ったときには、全身がぞわっとしたことを覚えています。

コヴィー博士のほかにも『チーズはどこへ消えた？』のスペンサー・ジョンソン氏や、エグゼクティブコーチングの神様として知られるマーシャル・ゴールドスミス氏ら、偉大な先人たちからも貴重な教えを受けることができました。

彼らの教えに共通することは、変化に柔軟に対応しながら、「最も大切なことを最も大切にしろ」ということです。

そのメッセージを、私は「自分の人生にイニシアティブを効かせる」というテーマに変換し、本書を書き上げました。彼らへの感謝を示すためにも、読者の皆様の人生を変えるきっかけとなれば幸いです。

さあ、一緒に一歩を踏み出しましょう。

第1章 変化の時代を生き抜く思考法

第2章 基本3分野を管理する

第3章 自分を変えるアクティビティ

第4章 「純度の高い夢」を見る

第1章

変化の時代を生き抜く思考法

CHAPTER.01

01 閉ざされていく「チャンスの扉」

「第3の波」が世界を変える

大きな変化ほど静かにやって来ます。その予兆に気が付く人は少なく、気が付いたときにはもう、変化の波に翻弄《ほんろう》されるしかありません。いまがまさにそのときだと言えます。**21世紀は人類の歴史の中で最も大きな変化に直面する時代になる**でしょう。

人類はすでに大きな変化を2度経験しています。どちらも私たちが歴史の教科書で習ったことです。

最初の大変化は、狩猟採集生活から農耕を開始して社会構造が変わったこと。次は、

18世紀後半にイギリスから世界に広がった産業革命により、工業化社会が到来したことです。それぞれの変化の前と後では、世界の様相がまったく変わってしまったことがわかると思います。しかし、その予兆に気付いていた人は人類の1パーセントもいなかったでしょう。

未来学者のアルビン・トフラーは、著書『第三の波』の中で、農耕社会への移行を第1の波、工業化社会の到来を第2の波として、人類が経験した大きな変化を整理しています。

トフラーによれば、第3の波とは、従来の工業化社会から、情報と知識を中心にした社会に移行することです。『第三の波』が米国で刊行されたのは1980年。日本ではバブル期の直前に当たります。この時点で、今回の変化を予見していたトフラーの慧眼には驚くばかりです。

私は1980年代後半の学生時代に、日本で翻訳出版された『第三の波』を読みましたが、当時は情報と知識を中心にした社会というものをリアルに想像できませんでした。それから約30年。インターネットが普及し、個人が日常的にパソコンや携帯電話を使うようになりました。さらに携帯電話がスマートフォンに進化を遂げて、大企業でも有名人でもない、普通の個人がＳＮＳやブログで気楽に情報を発信できるようになっています。

そしてついに、ＡＩ（人工知能）が登場しました。いままでも何度か人工知能ブームがありましたが、テクノロジーに興味がある人々の間での小さなブームでした。そうでもない人々にとっては、ＡＩとはいったい何ができるのか、何に活用できるのかわからない、といった程度の認識が続いていたと思います。

ところがここ数年、ＡＩが囲碁や将棋でプロ棋士に勝ったことなどが話題になり、２０１６年には、「ＡＩ」という言葉が、毎年の話題となる「ユーキャン新語・流行語大賞」にもノミネートされました。ＡＩが人類の知的能力を超えてしまう「シンギュラリティ」が近未来に訪れるのではという話も、まことしやかに語られる時代になりました。

故人であるトフラーが、社会の変化を実際にどこまで具体的に予見していたのか、いまではわかりません。ただ、第３の波が世界の様相をどう変えてしまうのか、いまなら私たちにも理解できます。

第3の波は、やはり人類が過去に直面した二つの波よりも大きな変化を人類にもたらすでしょう。１００年後、２００年後の未来、21世紀は激動の時代だったとみなされるはずです。

問題は、**大きく世界が変貌するときには、混乱もまた大きくなる**ということです。

いま私たちは何に気付き、どのような備えをするべきなのでしょうか。

「生きるための仕事」からの解放

第3の波によってもたらされる変化は多岐にわたるでしょう。未来学者でもない限り、そのすべてについて解説することはできません。現在誰も想定していない変化が、これから起こってくる可能性も大いにあります。

ここで取り上げたい大きな変化は、人と仕事の関係についてです。

太古の昔から、人は生きるために仕事をしてきました。狩りをし、農作物を育て、工業製品を作る。貨幣制度が整ってからは、人は仕事の対価として収入を得ることで、自分の生活を賄《まかな》ってきました。

そのため、私たちは仕事を失うことにとても恐怖を感じます。失業は自分や家族の生活を破綻《はたん》させる恐怖に直結するのです。

ここにAIが大きく関わってきます。「これから10年間のうちにAIによってなくなる職業リスト」のような情報を見た人も多いのではないでしょうか。**AIが社会に浸透すればするほど、人がいままで行っていた作業がAIに代替《だいたい》され、人の仕事がなくなっていく**。そのこと自体は間違いありません。

こうした現象を、**「AIが人の仕事を奪う」と捉えるのか、「人が仕事から解放される」と考えるのかは、受け止め方の違い**です。AIを敵とみなし、生きる糧《かて》を奪われると考えるよりは、解放されると受け取ったほうが精神衛生上は良いかもしれません。

ただし、私たちが仕事から解放されたと思うためには、仕事がなくなっても生活が成り立たなければいけないという条件があります。仕事がなくなることで収入もなくなっているのに「解放された」と感じる人はいないでしょう。

AIが人の仕事を代替していくと、企業は人件費を払わなくてよくなります。すると先進国各国は、減った人件費分に対して、何らかの形で企業に課税するでしょう。

そしてそれを原資にして、ＢＩ（ベーシック・インカム）のような制度を取り入れると予想されます。国民全員に生活費の給付を行い、働かなくても必要最低限度の暮らしを維持できるような社会構造へ、変化させると考えられるのです。

もちろん、国内情勢を配慮して、導入される制度は国によってさまざまな形になるでしょう。給付される生活費も現金とは限らず、電子マネーや地域通貨など制限付きのものになる可能性が高いと思います。

ともあれ、人類は生きるための仕事から解放されます。早ければ今後10年以内にこの変化は起こってきます。懸念として、ＡＩにより仕事を失う人が増えているのに、政府の施策が遅れることで混乱が発生する可能性も考えられますが。

もう先延ばしはできない

生きるための仕事から解放されると聞いて、喜ぶ人もいるでしょう。しかし、人と**仕事には、「人が生きるためにする仕事」とはまったく違った関係性がある**ことも認識しなければいけません。

アメリカのカリフォルニア州に、ナパヴァレーというワインの生産で有名な地域があります。たくさんのワイナリーがあり、上質のワインを、それに最も合う料理とともに楽しめます。ワイン好きにはたまらない場所です。

私を含め、お酒が飲めない人にとってはどうでもいい話ですが、ナパヴァレーを訪れた知人は、その経験を嬉々として話してくれます。ほかにもボルドーやチリに足を運んで現地のワイナリーを見て回り、その土地のワインを楽しんでいます。

そんな恵まれた経験をするワイン好きがいる一方で、スーパーのお手頃ワインで我慢する人たちもいます。アメリカ西海岸までのフライト費用や滞在費。普通に働いている人であればとても払えない額というわけでもないでしょうが、ワインを飲むためだけにと考えると躊躇《ちゅうちょ》してしまうのでしょう。そうして自宅で1本数百円のワインを飲みながら、ネットで「世界ワイン紀行」のような番組を観て、いつか自分もナパヴァレーのワイナリーを訪れようと夢見ている。

ここに考えなければいけない点があります。両者のどちらが良い悪い、ということではありません。ほかの楽しみにお金を使うために、お手頃ワインを飲むというのであれば、何も問題ありません。しかし、「いつか自分もナパヴァレーに」と考えている場合、ＡＩが仕事を代替し、ＢＩが制度として施行された社会では、その「いつか」は決して訪れません。なぜなら、ＢＩ制度では生きる上で不自由にならない程度のお金しかもらえないからです。

このことをお手軽ワイン派の人に伝えると悲鳴を上げます。仕事がなくなるということは、チャンスがなくなるということでもあります。頑張れば頑張るほど、いわゆる自分のステータスが上がる。仕事にはそういう側面もあるのです。

「本気になれば自分も変わる」という希望を胸に抱えたまま、本気になることを先延ばしにして生きている人はたくさんいます。いままでは、この先延ばしに時間的な制限はありませんでした。ところが**第3の波によって仕事が消失する時代になれば、チャンスの扉は閉まっていきます**。

もちろん、ある日突然すべての扉が一斉に閉まるわけではありません。しかし、無数にあった扉は時間とともにどんどん閉ざされていきます。そんな時代に、私たちはどう生きていけばいいのか。それが本書を通してお伝えしたいことです。

CHAPTER.01

02

情報量の増大による人間のオーバーフロー

自覚されない人間の不具合

従来に比べて、**現代社会では人が日常的に受け取る情報の量が爆発的に増加しています。**かつての情報源といえば、新聞、本、雑誌、テレビ、ラジオなどでした。そこから日本では１９９０年代中頃を皮切りにインターネットが急速に普及し、莫大な情報が入ってくるようになりました。

いまや従来のメディアはほとんど飲み込まれ、ネット経由で閲覧できるようになっています。さらにＳＮＳやさまざまな動画サービスなど、新しい情報が次から次へと生まれています。人は一生をかけても消費し切れない情報の海の中に身を置いていると言えます。

そして、変化は単純な情報量の増加だけではありません。

20世紀まで、情報は自分で取りに行くものでした。社会人になったら新聞を読む、本を読んで勉強するというように、情報は主体的なアクションを起こして初めて得られるものだったわけです。

それがいまは、こちらが動かなくても情報のほうから飛び込んできます。スマートフォンやタブレット端末にはひっきりなしに新しいニュースが表示され、メールやメッセージサービスでいつでも他人から連絡が入ります。**人間と情報との付き合い方は一変した**のです。

情報の量が増大し、黙っていてもどんどん情報が入ってくるようになった。その結果、**人が接する情報量が人間の処理能力を超えてしまいました。**

人間は「インプット↓情報処理↓アウトプット」というサイクルを連続で回し続けていく「情報処理体」と考えることができます。その処理が完全に追い付かなくなっているのです。ＩＴ用語で、与えられた情報量が多過ぎて処理し切れなくなった状態を「オーバーフロー」と呼びます。人間はいま、完全にオーバーフローの状態に陥《おちい》っていると言えます。

最大の問題は、この状況が人々に自覚されていないことです。コンピュータのシステムでオーバーフローが発生すれば、アラームが鳴って動きを止めることができます。しかし、人間という情報処理体は、オーバーフローを起こしていても動きを止めません。だから自分も周りの人たちも気が付かないのです。

「申し訳ありません問題」

人間がオーバーフローを起こしていることがわかる、象徴的なケースがあります。

私が研修をさせていただいている企業で、管理職の方たちから相談される内容には共通したものが多くあります。各社業種の違いがあっても、不思議と似たようなことで悩んでいらっしゃいます。そんな中、ここ5年ぐらいでよく聞くようになった話です。

業務上で何かしらのトラブルが発生して、上司が担当者を呼んで話を聞きます。上司には担当者を責めるつもりはなく、再発防止のために背景や原因をヒアリングしようとします。

すると担当者は何度も謝罪を繰り返し、「単純な自分のミスです」と訴えます。なぜそのミスが起きたのかを聞いても、原因には触れず、自分のミスだとしか言いません。結局、本質的な原因調査ができないまま、しばらくすると同じトラブルが再発します。

上司と担当者の間にパワハラなどのコミュニケーションの問題があれば、こうした状況になることも理解できるのですが、聞いてみるとそんなこともありません。担当者が繰り返し何度も謝罪することから、私はこの現象を「申し訳ありません問題」と呼んでいます。

こうした相談があった場合、私はまず担当者にヒアリングします。といってもトラブルの背景や原因を聞き出すわけではありません。トラブルの後、管理職と面談していたときに自分がどんな状態だったのかを聞きます。

するとほとんどのケースで、担当者は「面談の間、何も考えられなくなりました」

と答えます。いわゆる「頭の中が真っ白」になっている状態。面談時のことをよく覚えていないという場合も少なくありません。

ミスをした担当者が謝罪を繰り返し、自分の単純なミスだと訴えるのは、トラブルを起こしてしまった罪悪感からではありません。それ以外に話せることがないからです。これは、完全にオーバーフローを起こしている状態だと言えます。

日常的に膨大な情報量の中に身を置くことで、情報処理がギリギリになり、少しでも予定外の負荷がかかるとオーバーフローしてしまう。この「申し訳ありません問題」は、現在日本の中小零細企業で頻発しています。

ちなみに、トラブルの背景や原因を手書きした書類を準備した上で説明してもらうようにすると、オーバーフローすることが激減します。これは面談時の情報処理の負荷が大幅に減少するからです。

これからの企業の管理職は、部下たちの情報処理能力にどれくらいの余裕があるのかも把握しながら、マネジメントしなければいけない時代になったと言えるでしょう。

私たちの周りに流通する情報の量は、これからまだまだ増加していきます。しかし、**人生を楽しく幸せに生きるために必要な情報は、莫大な流通量の中の一部分でしかありません**。世の中のすべてを知らなければ幸せになれない、ということはないのです。自分の望みや願いを叶えるために必要なことを、その都度手に入れればいいだけです。

私たちはそのことに早く気付き、手を打たなければいけません。そうでなければ情報に振り回されてオーバーフローを起こし、ビジネスにもプライベートにも暗い影を落としていくことになります。チャンスの扉が閉じる前になんとかしようという以前の問題です。情報との適切な接し方を考えなければいけない時代がやって来ているのです。

03 崩壊する人と人のコミュニケーション

価値観の多様化が「常識」を奪った

先ほどの「申し訳ありません問題」を一例に、情報量の増加はさまざまな面でコミュニケーションに大きな影響を与えています。ここでは、その中でも特に人々のコミュニケーションを難しくさせている要因として、**価値観の多様化**に焦点を当てます。

誰もが共有している価値観を「常識」と呼び、常識に合わせていれば他人との関係性がうまくいっていた時代がありました。そこから情報量の増加によって日本人の価値観は大きく多様化しました。そのことを実感した体験があります。

私は会社員だった1990年代の前半、ある地方都市のプロジェクトリーダーを任されていました。メンバーがみんな年上で気遣いが必要でしたが、本当に大変だったのはプロジェクト進行のためのコミュニケーションでした。

複数のメンバーが関わるプロジェクトは、例えば、誰かの作業が終わらないと別の人が作業を始められないといったことなど、メンバー間の動きが影響を及ぼし合うことが頻繁《ひんぱん》に出てきます。そうした注意点を紙にまとめてみんなに伝えていましたが、どうにもうまく連携できませんでした。

最初は年下がリーダーを務めていることをメンバーが気に入らず、わざと動きを乱しているのかとも思いましたが、何より本人たちが戸惑っている様子でした。

そうした問題が実際にプロジェクトの進行を阻害していましたし、本人たちが戸惑っている以上、自律的に改善していくことは難しいだろうと考えられました。そこで私は、この問題の解決に注力しました。

具体的には、**メンバーに対する期待を捨てる**ようにしました。偉そうなことを言うようですが、「ベテランだからこれだけのことをしてくれるだろう」「進行表を配布すれば各自がするべきことを読み取ってくれるだろう」という前提を壊したのです。そうして進捗《しんちょく》状況をしつこく確認し、「あなたの作業が遅れたら、その影響で○○さんの作業が滞りますよ」と直接説明するようにしました。年下のくせに嫌なやつだと思われたかもしれませんが、結果的にプロジェクトを予定通りに完了させることができました。

これはメンバーたちの能力がないというわけではありません。当時の私は、社会の中に従来のような決まった常識や価値観がなくなっていることを、なんとなくではありましたが感じていました。メンバーたちは年上とはいえ、数歳の差です。変化する社会の中で、同じように育ってきた世代だと言えます。その中で、「当然こうしてくれる」というのは、私の常識でしかありません。**「10人いれば10の常識がある」**という認識が必要だったのです。

当時の上司たちにこのことを相談すると、突き放されました。「自分たちは価値観の多様化で意識がうまく共有できないという経験はあまりしていないが、お前と同年代の現場では確かにそういう現象が出てきている。お前たちの世代の課題だろう」と言われ、苦笑したことを覚えています。上司たちは、自分の残りのサラリーマン人生を考え、この面倒な問題から逃げ切ることができると考えたのでしょう。

この例からもわかるように、1990年代半ばぐらいから価値観の多様化は始まっています。インターネットや携帯電話の急激な普及がこの時期からだということも無関係ではないでしょう。

それに併せて、就職氷河期に突入したことも大きな要因です。企業の一括採用が減ったことで、若い世代が一斉にビジネスマナーを身に付ける機会が激減しました。情報量の増大により価値観が多様化する中で、**日本社会は「万人共通の常識」を頭の中に刷り込む機会を失ってしまった**のです。

いまでは若い社員が休暇の連絡を当日にメールでしたり、退職の手続きを代行会社に依頼したりと、会社という組織も多様性のジャングルになっているようです。共通の常識を植え付けられた世代の管理職の方々にとっては、本当に大変なのではないでしょうか。

頭の中はみんなバラバラ

価値観が多様化しているということは、つまり頭の中がみんなバラバラということです。こちらが常識としていることを、相手も同じように考えているとは限りません。

その状況でコミュニケーションを取ろうとすれば、大きなエネルギーを消耗します。

「こう言えば、こう伝わる」という前提がそもそも成り立たないわけです。

私たちは**コミュニケーションを取る上で、さまざまな面で行き違いや誤解が生じることを常に考慮しておかなければいけません**。そうしてますます情報処理が困難になり、ここでもオーバーフローが発生してしまいます。

その場面はビジネスに限りません。親子、配偶者、恋人が自分とはまったく違う価値観で生きていることもあります。生活の中のすべてのコミュニケーションにおいて、オーバーフローしてしまうことさえあり得るのです。

それが原因で、人と接する、交流することがとても苦しいという人が増えてきているということもあると思います。そこからニートやコミュニケーション障害、発達障害などに繋がっていくのかもしれません。

昔の社会では一つの常識に自分を合わせることを強く求められていました。それができない人たちにとっては、抑圧的で苦しい社会でした。しかしいまは、みんながバラバラなだけに、そのバラバラな人同士がコミュニケーションを取っていくことが困難な時代になってきています。

大げさな言い方をすれば、**人間対人間のコミュニケーションが、いたるところで崩壊している**のです。新しい対応策を身に付けることが必要とされています。

オーバーフローが五感を麻痺させる

コミュニケーションの複雑化は、さらに情報処理に負荷をかけ、オーバーフローを起こしやすくするという負のループを誘発します。この状況で発生する大問題が、「センサーの麻痺」です。

人間は、五感（視覚、聴覚、嗅覚、味覚、触覚）を入力装置として、脳に情報をインプットしています。ここではこの五感をまとめてセンサーと考えます。

オーバーフローを起こしている脳は、それ以上のインプットを拒否し、センサーを麻痺させます。すると、「見ているのに見えない」「聞いているのに聞こえない」ということが起こります。

例えば、会議に遅れて入り、シリアスな雰囲気の中で場違いなことを喋ってしまって後から上司に怒られる。配偶者やパートナーの気分、機嫌を感じずにベラベラ話して喧嘩になってしまう。親子関係などでも同様です。「察する」ということができません。

人の日常的なコミュニケーションでは、言語を使用したコミュニケーションよりも、しぐさや表情などの、言語を使わないコミュニケーションのほうが圧倒的に多くなります。相手の「おはようございます」という挨拶の表情や雰囲気などから、今日は元気なのか疲れているのかを感じ取るといったことなどは、プライベート、仕事を問わず必要です。文脈や理屈で理解するのではなく、「感じる」しかないことが多々あるのです。

ところがセンサーが麻痺していれば、正常な交流はできません。周囲からすれば「そんなこと、見ればわかるだろう」ということでも、まったくわからないということになってしまいます。そうしてセンサーが麻痺した者同士が交流すれば、なおさらまともなコミュニケーションはできません。言葉で補おうにも限界があります。

センサーが麻痺し、インプットが正常に機能しないということは生物の在り方として大きな問題です。莫大な情報に晒《さら》されていることへの対処を、早く考えていかなければいけないのです。

04 人間は適切な目標を設定できない

成功ノウハウはなぜうまくいかないのか

私たちに残された時間は限られています。これからますますＡＩが社会に浸透し、仕事を失う人々が増えていきます。ナパヴァレーのワインとスーパーのワインを例にお話ししたように、**チャンスの扉が閉じるにつれて人々の階級は二つに分かれ、固定化していきます。**

そう聞くと、チャンスの扉が閉じてしまう前にどうにかしなければと焦りを感じるかもしれません。すると、多くの人は、仕事術の本や自己啓発本、セミナーにヒントを求めます。あるいは、ＡＩ化社会に適応した人材になるための研修を開いてくれる会社もあるでしょう。

そのこと自体が悪いというわけではありませんが、成功するためのノウハウが世の中にあふれているのに、結果が出ない人がいるのも事実です。というよりも、そうした人のほうがはるかに多いのではないでしょうか。

もちろんその一方で、強い意志を持って行動し、結果を出せる人間もいます。そのため、結果を出せないのは、本やセミナーのノウハウが悪いのではなく、計画を実行できない本人の問題だとされてしまいます。そうして本人も、意志が弱くて計画通りに実行できない自分がダメなのだと考えてしまいます。

本当にそうなのでしょうか。**これだけ世の中にノウハウが出回っているのに、うまくいく人が少数だということは、何か別の大きな問題がある**、と考えたほうが良いのではないでしょうか。

私がここで言いたいのは、世にあふれるノウハウの中には、ある「大きな誤解と間違い」があるということです。

成功本やセミナーでは、お決まりになっていることがあります。それは、「目標を立てること」です。実現したい目標を描き、中間目標を設定して、今日は何をすればいいのか、明日は何をすればいいのか、といったように、日常生活の中にまで計画を落とし込む。これがビジネス本やセミナーのお約束です。

しかし私は、**「人間は適切な目標を設定することができない生き物である」**と考えています。

目標を立てることは、一種の才能だと言えます。絵を描くのが上手い人や楽器を上手に演奏できる人がいるように、もちろん適切に目標設定をできる能力を持つ人もいます。そうした人は、本やセミナーで、「目標を立てて計画に落とし込む」と聞いて、実行することができるでしょう。

しかし、大多数の人は適切な目標を立てる能力がありません。自分が「できない」ことを「できる」という前提で組み立てられたノウハウを実行しても、うまくいくわけがありません。そうしてできる人と自分を比べて、自己嫌悪に陥る人も多いでしょう。

「大切なこと」と「重要なこと」

人は目標を適切に設定することができないということについて、私はクライアントのみなさんに次のように考えてもらいます。

研修の冒頭で、「仕事以外で大切なことを一つノートに書いてください」と、お願いします。すると、そこに書かれることのほとんどは2種類に分けられます。「家族」か「健康」です。

そこで家族と書いた人たちに「この1週間で家族のために何をしましたか？　自信を持って、家族のためにしたことを言える人はいますか？」と聞くと、みなさん恥ずかしそうに下を向いてしまいます。健康と書いた人たちにも同じように聞きますが、やはり同様の反応です。「誰かに答えてもらいましょうか」と言おうものなら、全員顔を背けてしまいます。

少し意地の悪いやり取りですが、このやり取りの目的は「大切なこと」と「重要なこと」の違いを理解してもらうことです。

この例でいえば、家族や健康が文字通り「大切なこと」です。そして、健康であれば、自分の健康を維持する、またはより健康になるために行うべきこと、つまり運動や睡眠が「重要なこと」になります。同じような考え方で、「大切なこと」を「目的」、「重要なこと」を「目標」と表現する人もいます。

私は、幸運にも世界的名著『7つの習慣』の著者であるスティーブン・R・コヴィー博士から直接教えを受け、一緒に仕事をする機会に恵まれました。コヴィー博士からは、数え切れないほど多くのことを教わりましたが、その中でも、私の人生に多大な影響を与えている教えがあります。

「最も大切なことは、最も大切なことを、最も大切にすることである」

謎かけのようですが、本当に深い言葉だと思います。

人間はブラックボックスに囲まれている

自分にとって大切なことを大切にしていく。それができれば、人生が楽しく有意義になることは間違いありません。ところが、これがなかなか実践できません。何が「大切なこと」なのかがわからない。いや、確信が持てないと言ったほうが正しいかもしれません。

家族も健康も大切。仕事をしていれば、仕事も大切でしょう。やりがいのあるプロジェクトを任された。チームも大いに盛り上がり、次の日曜日に休日返上で頑張ろうということになった。その日は子どもの運動会だ。リーダーの自分がいなければせっかくの良い雰囲気に水を差すことになるのでは……。

どちらが本当に大切なことなのかがわかりません。あるいは健康と仕事、大好きな趣味と家族など迷いは多いでしょう。

その上、**「大切なこと」をどのくらい大切にすれば、未来がどうなるかはわかりません。**多くの場合、大切なことはブラックボックスなのです。

わからないのは「重要なこと」についても同様です。

例えば、あるセールスマンが、今月中に５００万円の売上目標を達成しなければ、リストラの対象になってしまうとします。

この場合、「大切なこと」は今月中に５００万円の売り上げを達成してリストラされないことです。では、そのために「重要なこと」とは何でしょうか。売り上げを達成するためにすべきことです。

仮に、彼が扱う商品を５００万円払ってでも必要としているＡ社がどこかに存在するとします。そのことがわかっていれば、彼は商品の知識を頭に入れ、販売プランを立て、Ａ社にアポイントメントを取って出掛けていけばいいわけです。リストラがかかっている彼にとっては、この一連のことが、非常に「重要なこと」です。

しかし、**残念ながらほとんどの場合、この「重要なこと」がわかりません**。彼が超自然的にＡ社の存在を知ることはできないのです。

あるいは家族を大切にしようと考えた人が、子どもに関心を向ける。良かれと思って子どもに言ったことが、まったく受け入れられなかったりする。家族を大切にするためにはどうしたらいいかわからない。

このように、「大切なこと」を実現させるための「重要なこと」もブラックボックスであることが多いのです。

人の営みの上では、先のことがはなはだ不明瞭です。この状態で目標を適切に設定することは困難です。そのことを踏まえて、成功に近付くことのできる方法が必要とされています。

CHAPTER.01

05 「影響力」と「自由」を手に入れる

「イニシアティブシンキング」とは

ここまでお話ししたように、世の中の成功ノウハウが示すような、効果的な目標設定を行うことは難しいと言えます。では、いったいどうしたらいいのでしょうか。

それにはまず、**自分本来の力を取り戻す**必要があります。

人間は自分が持っている能力の10パーセントほどしか活用できていないといわれます。自らの能力をほかの何かに委《ゆだ》ねてしまい、自分の可能性を制限してしまっているのです。ほかの何かとは、他人、社会制度や先入観、思い込みなどです。この部分については第4章でお話しします。

自分の能力が制限されることに加えて、ここまで述べてきたように、流通する情報量の増加によってオーバーフローを起こしていれば、どんどん余裕がなくなっていくでしょう。

数々の制限から自分を解放し、自分の力を取り戻す。そして、その結果生み出された「余力（バッファ）」を使い、影響力を強め、より自由になることを目指す。これが本書のアプローチです。

ここでいう「影響力が強い」とは、**何かをしようとしたときに選択肢をたくさん持ち、いろいろな仕掛けをできる状況にある**ということです。周囲の人々に働き掛ける力が強いとも言えるかもしれません。プロジェクトを成功させるための方法を思い付くことができ、実際に人員を動かすことができる。プライベートを楽しむための方法をたくさん知り、周囲を巻き込んで実行することができる。

ただし、必ずしもその選択肢の中から好きなものを選べるわけではありません。どんな立場にあっても100パーセント自分の思う通りに行動できるという人はいないでしょう。**多数の選択肢から制限なく好きなものを選び実行できる**ということが、より自由であるということです。

こうした**理想の状態になるべく働き掛けるプロセスを、本書では「イニシアティブシンキング」と呼びます。**

「イニシアティブ」という言葉には、「主導権を握る」という意味があります。対人関係で自分が有利になるようにすることも、イニシアティブだと言えます。

ここではさらに、「自分を制限している親や家族からの影響や学校教育、社会通念などから自分自身を解放して、自分の人生を取り戻す」という意味を持たせています。イニシアティブシンキングを実践すると、時間が経つにつれ、自分自身が渦の中心になる感覚を持つことができるようになります。そこから生み出す力によって、周りを動かす影響力を持つことができます。渦の外側にいれば渦の動きに翻弄され消耗しますが、中心は静かです。いままでバッファなく振り回されていた自分から、穏やかでありながらも自由に、影響力を行使できるようになります。

「影響力」と「自由」のバランス

一般的に影響力が強くなれば、自由度も増します。例えば会議の日程を決める場合、影響力の強い人には事前に調整のお伺いがあるでしょうが、それほど影響力のない人には、決定された日程が伝えられるだけです。影響力と自由の間には、明らかに相関関係があります。

特に若いうちはとにかく影響力を強めようと頑張ることも必要です。ただし、**影響力を強めることに固執して、そのための活動に時間を割き過ぎると、自由度は逆に減っていきます。**個々人のライフステージに合わせてバランスを取ることが大切です。

ここで一つエピソードを紹介します。以前、細川護熙《もりひろ》元内閣総理大臣にお会いしたときのことです。

細川氏といえば、熊本県知事を務め、一国の総理大臣をも経験した人物です。また、肥後《ひご》熊本藩主だった細川家の第18代当主であり、世が世ならばお殿様です。政界引退後は、湯河原《ゆがわら》に居を構え、陶芸家、茶人として活動しています。

雑談の中で、彼はこんなことを話してくれました。

これからの人生で、自分はまだ読みたい本がたくさんあり、学びたいことも多い。

「晴耕雨読《せいこううどく》」ではないが、晴れれば社会活動をし、雨が降れば本を読む暮らしがしたい。とはいえ頼まれ事も多くて、このままでは読みたいと思っている本の大半を読めないまま人生を終えることになってしまう。

細川氏は頼まれ事の詳細については語りませんでしたが、講演会やシンポジウムなどへの登壇、さまざまな団体や組織からの理事に名前を連ねてほしいといったお願いなど、容易に想像ができるものだけでも多くの依頼が持ち込まれていたでしょう。そもそも私自身が頼み事をお願いし、その関係で話をしているわけです。申し訳ない気持ちで、続くお話を伺いました。

頼まれ事をすべて引き受けているとキリがない。自由が損なわれる。とはいえ、義理人情もあるので、すべてのことを断るのもなかなか難しい。このバランスを取っていくことはとても重要で、おそらく一生のテーマだと思う。年を取れば取るほど、このバランスが重要なのだ。

笑いながらそうお話しになっていましたが、私はいまでもこの教えを肝に銘《めい》じています。血生ぐさい政治の世界で頂点を極められた方だけに、説得力があります。

影響力を手に入れることだけを考えていると、たとえ有意義な活動であっても、自由を失い、息切れし、自分自身が摩耗《まもう》します。結局、パフォーマンスが低下し、影響力も下がるということにもなりかねません。**影響力を強めることと、より自由になることのバランスについても意識しておくことが大切**です。

そのためには、自分を知ること、自分の理想とする人生を定める必要があります。自分の理想を知った上で、必要な影響力を考えるのです。自分を知る方法については、第3章、第4章でお話ししていきます。

「バッファ」が人生を有意義にする

「選択と集中」という言葉があります。ビジネスの世界でも頻繁に使われるので、聞いたことのある人も多いでしょう。

人生においても、選択は最も大切なことです。選択から逃げることは人生の放棄につながります。しかし、バッファのない状況や、自分の生き方を他人に委ねることで、選択から目を背け、逃げ出している人が多くいます。そうした人たちは、自分の人生を生きている実感が持てないでいるでしょう。

自分の人生を生きていなければ、目標設定型のノウハウを知ったときに、机上の空論とも言える目標を平気で設定してしまいます。そして、まるで実体のない目標からブレイクダウンされたアクションアイテム（目標達成のためにすべきこと）をこなしていこうとひたすら努力をします。当然、徐々に続かなくなってしまいます。

そうではなく、等身大の現状をどう変えたいかについて自分の頭で考え、自分で決断し、自分で行動して、その結果に対して自分で責任を取る。選択とはそうあるべきです。このことから逃げていては、人生を有意義にすることはできません。

進学や就職、あるいは恋愛や結婚、出産など、私たちの人生には無数の選択があります。そして選択することにはとても大きなエネルギーを必要とします。

莫大な情報に取り巻かれ、価値観の違った人間とのコミュニケーションを強《し》いられる現代では、ただでさえ、オーバーフローに陥り、エネルギー不足になっている人が多くいます。このような現代社会の構造の中で生きていると、選択に対して逃げたくなる気持ちになっても仕方ありません。**自分の人生の選択から逃げないためにも、バッファをつくらなければいけません。**それがイニシアティブシンキングの大きな目的です。

Ａｐｐｌｅ社の創業者であるスティーブ・ジョブズが毎日同じ服を着ていたという、有名なエピソードがあります。「服を選ぶ」ということも選択の一つであり、少ないながらもエネルギーを要します。彼は毎日同じ服装にすることで、そのわずかなエネルギーすらセーブして、自分のやりたいことに打ち込んだのでしょう。

エネルギーは人間の持つ大切なリソース（資源）の一つです。しかし何に自分のリソースを使っているのかを意識している人は多くありません。選択という重要な行為に割り振るためのエネルギーが不足しているのなら、いますぐに対策を講じなければいけないのです。

「イニシアティブシンキング」の五つの効果

選択する力を最大化させるため、いかにバッファをつくるか。イニシアティブシンキングでは、ここにフォーカスしていきます。

イニシアティブシンキングを実践していくことの効果は、五つあります。

第1の効果は、必要なことに集中できているという充実感を得られることです。

毎日やらなければいけないことをリスト化してスケジューリングしていくことで、アクションアイテムが膨大な量になり、それを処理することが目的になってしまうという人も多くいます。そもそも適切な目標設定ができていないため、一生懸命やっているのに、さほど効果がありません。やるべきことに翻弄されて、充実感どころか疲弊してしまいます。

イニシアティブシンキングを実践し、等身大の自分から物事を始めるべきです。本当にいまやるべきこと、やらなければならないことに集中できていると、徒労感はなくなるはずです。人生の歯車が噛み合っているように感じ、ストレスなく、毎日が楽しく暮らせるようになります。

第2の効果は、シナジーを発揮できるようになることです。

シナジーとは、あるものとあるものを単純に足し合わせた以上に効果を発揮できることを意味します。人はそれぞれ、時間、エネルギー、知識（情報）、お金や健康、人間関係や信頼など、さまざまなリソースを持っています。イニシアティブシンキングを実践していると、人はおのずと自分のリソースを無駄なく活用することができるようになり、さらに各々のリソースが有効に作用するようになります。

例えば、時間の使い方を変えて無駄なことをしなくなったことで、エネルギーが充実して仕事がうまくいくようになります。そうして収入が増えたり、信頼されるようになったりします。さまざまなリソースがシナジーを発揮することにより、いままでより物事がスムーズに進むと実感できるようになります。

第3の効果は、コミュニケーションが円滑になることです。

そもそも、イニシアティブシンキングの目的はバッファを生み出すことにあります。シナジーが発揮されて物事がスムーズに進むようになると、情報処理に少しずつバッファが生まれます。すると、人と接するときにも余裕をもって臨むことができ、コミュニケーションが円滑になります。

また、周りからの評価やイメージも変わり、「理想に向かって確実に進んでいる人」、と見られるようになります。人は忖度《そんたく》する生き物です。できる人に対しては好意的に振る舞います。周りからの態度が好意的に変われば、結果、コミュニケーションが円滑になっていくのです。

第4の効果は、自然にパフォーマンスが上がることです。

イニシアティブシンキングによってバッファができ、影響力が強まり、より自由になると、結果としてパフォーマンスが上がります。仕事でも、プライベートでもです。

無理をして努力に努力を重ね、無理矢理にパフォーマンスを上げることを続けていくと、自分はいつまでこの結果を維持できるのかと不安になってしまいます。そんな心配とは無縁な形で、有益な結果が出せるようになります。

イニシアティブシンキングの5つの効果

①必要なことに集中できているという充実感を得られる

②シナジーを発揮できるようになる

③コミュニケーションが円滑になる

④自然にパフォーマンスが上がる

⑤人生が好循環になる

第5の効果は、人生が好循環になることです。影響力を強め、より自由になることを追求していくと、未来に向けての好循環が回りだします。

等身大の現実から理想に近付き、さらに次の展開でより良い状況につながっていく。地道に始めたことが好循環の連鎖を起こし、あるところから大きな成果を得られるようになるのです。

CHAPTER.01

06

「イニシアティブシンキング」で目標を目指す

成功者に共通する習性

人はブラックボックスに囲まれているため、目標を適切に設定できない。そのためイニシアティブシンキングが必要だという話をしてきたわけですが、それは決して目標設定型ノウハウを否定しているということではありません。

会社に属していれば、当然、目標設定と達成を求められ、そこから逃げることはできません。**問題なのは、誰もが目標を適切に設定することができるという前提で、目標設定型ノウハウが実行されていること**にあります。

目標設定の才能がある人は、自分が置かれている状況下で目標設定型ノウハウの通りに行えば、自然とうまくいきます。一方で、目標設定の才能がなくてもうまくいく人もいます。たとえ設定した目標が適切でなくても、どんどん目標を修正し、その結果、適切な目標に近付くことができる人です。

これは成功者に共通した習性でもあります。「朝令暮改《ちょうれいぼかい》」というように、朝に掲げた目標が、夕方になったら違う目標になっている。そのようなことが日常的に起きています。というよりも、敢えて行っているのだと思います。

目標をいったん設定して、何かがおかしいと思ったらすぐに変更する。エグゼクティブやトップパフォーマーたちは、このようなサイクルを短い時間の中で高速回転させています。これはノウハウ化しづらいことなので、成功本やセミナーで伝えられる機会もほとんどありません。

以前、コヴィー博士が来日されたときに、経営コンサルタントである神田昌典《まさのり》さんとの対談をセッティングしたことがあります。おそらく、神田さんも適切な目標設定について気になっていたのでしょう。彼はコヴィー博士に、「目標を立てたらそれを

（変えずに）ずっと追い掛けるほうがいいのでしょうか」と質問しました。するとコヴィー博士は、はっきり「目標はどんどん変えていかなければいけない」と答えました。

ただし、ここで気をつけなければいけないことがあります。あくまでも得たい結果を得るための最適化として目標を変えるのであって、**実行することが苦痛だから目標を変更する、という逃げ腰な姿勢ではいけません。**どちらの理由で変更するか、本人の姿勢が問われることになります。

バッファがなければ目標を最適化できない

このように考えていくと、目標設定の才能がない限り、目標をどんどん変えながら得たい結果に近付いていくというやり方が、成功への近道ということになります。

しかし、それもすぐには難しいことです。なぜなら目標を高速に最適化させていくということ自体が、情報処理的には大きな負荷をかけることになり、バッファを持っている人にしかできないことだからです。逆説的になりますが、だからこそイニシアティブシンキングが必要なのです。

私が管理職として働いていたとき、新人部下と入社1カ月後のタイミングで面談をするようにしていました。その会社は外資系で、1年後も活躍できる保証はありません。結果が出なければすぐに異動や退職を迫られる世界です。そのため、今後取り組まなければならないこと、気をつけなければいけないことを、早々に本人と確認しておく必要があります。

まずは、本人に今後自分がこの会社で生き残り、活躍していくためには何をすべきか尋ねます。すると、「社内のキーマンたちとＷｉｎ－Ｗｉｎの関係を築くことです」という答えが多く返ってきます。新人としては、模範解答です。しかし、このままでは活躍はおろか、生き残ることすら厳しくなります。

本来は自力で最適化してほしいところですが、新人なので手助けします。

この回答について事細かく追求していきます。社内のキーマンたちとは誰か、具体的な名前が挙がらなければいけません。誰がどのようなＷｉｎを期待できる相手なのかをわかっていなければ、関係を築くことはできません。

キーマンといっても見る角度によってさまざまです。自分が活躍していくための土台をつくる時期に、誰と良い関係を築けばいいのかを考えてもらいます。入社して1カ月しか経っていない新人では、的確に答えることは難しい質問です。

また、Win－Winというからには、自分も相手にWinを提供できなければいけません。それも相手が特定されなければわかりませんし、さらに重要なこととして、何の影響力もない新人が相手にとってのWinを提供できるのか、という問題があります。結局のところ、自分の影響力を強め、より自由に動けるようにならなければ、人とWin－Winの関係をつくること自体が成立しません。

このように考えを深めていく中で、彼らの目標は「社内のキーマンたちとWin－Winの関係を築く」というものから、「自分にとって有益なキーマンが誰なのかをはっきりさせる」に変更されます。そこから特定の相手との「Win－Winの具体的な内容を把握する」という目標が生まれ、最後に「相手へWinを提供できるだけの影響力を持つ」という目標に到達するわけです。

この例でわかるように、ベースとしてイニシアティブシンキングの考え方や実践があれば、成功に向かっていくことができます。**目標設定の才能がなくても、目標設定型ノウハウで物事を進めていくことができる**のです

コントロールできるところから始める

イニシアティブシンキングにとって重要なのは、**いまの自分からまったく想像がつかないような大きな目標を掲げるのではなく、等身大の自分を起点に考える**ことです。夢物語から始めるのではなく、現状をどう変えたいかというところを重視します。

いま、確実に自分でコントロールできるところから離れてしまうと、無駄が多くなり、変化を生み出すことができません。だから、自分がコントロールできることは何かを把握して、そのことに集中します。その上で、自分でコントロールできることを増やしていこうという考えを持つことが大切です。

コントロールできることが少なかったとしても、めげる必要はありません。**現状を正確に把握し、焦点を絞って集中することで、時間とともにコントロールできることは必ず増えていきます。**遠回りのようですが、確実に人生は変わっていきます。

ここであるクライアントの話を紹介します。

初めて会ったとき、彼女は目標設定の才能のない人の典型だと感じました。夢を人にビビットに伝えることができる、とても魅力的な人ではありましたが、語ることがとにかく大き過ぎました。実現に向けたプロセスについて、制御不能なことにしか目が向かなくなっていたのです。

例えば、まったく自分とつながりのない人を話題に出し、「その人が自分のことをネットやブログで紹介してくれれば」と言います。もちろん知り合いではないので、現実的には難しい願いです。そして今度は連絡先を知っている人の名前を挙げますが、その人が協力してくれる可能性があるのかを聞くと、「ご自分のことで忙しく無理だろう」と肩を落とします。そのほか、具体的なアクションアイテムを挙げてもらっても、夢のようなことを列挙する癖がありました。

そこで、まず本人ができることを考えてもらうようにしました。すると、途端《とたん》に元気がなくなってしまいました。彼女にとって、これまで夢中で語ってきた夢は、自分で自分にかけていた魔法でした。それが一瞬で解けてしまったのです。

私は彼女に「望んだ通りの人生を歩めるかどうか、いまが非常に重要なときです」

と伝えて、手の届くアクションアイテムがないか、再度考えてもらいました。

するといろいろなアイディアが出てきました。自分のウェブページにあまり納得していないので変えたい、これまで始められなかったメールマガジンを発行してみようか、名刺交換をしてきた人たちにメールを送ろうか……。

地味に思えるかもしれませんが、そういったアクションの効果を時間が大きく育ててくれる可能性があります。しばらくの間は自分で制御できるアクションアイテムに完全に集中することは難しかったようですが、少しずつ意識が変わり、できることに継続して取り組めるようになりました。

そうして半年ほど経つ頃には、状況が変わっていました。彼女の活動に協力してくれる人が現れ始めたのです。もともと彼女が望んでいたように著名人がＰＲしてくれるという展開ではありませんでしたが、運営を手伝ってくれる人が集まってきました。おかげで彼女は自分の得意な外回りの作業に集中できるようになりました。現在は、自分の影響力が及ぶ範囲で楽しく活動しながら、実績を上げることができています。


制御不可能なことに執着して喚《わめ》いても、天は味方などしてくれません。自分自身で制御できることからのスタートが大切なのです。

イニシアティブシンキングの3分野

続く第2章から、具体的なイニシアティブシンキングの方法を考えていきます。そこでは、基本的に三つの分野にフォーカスします。

①時間
②コミュニケーション
③感情

この3分野は自分でコントロール可能な領域であり、ここでイニシアティブを効かせることができれば、自分の力を取り戻し、大きなバッファを生み出すことができます。

後に詳しく述べますが、この**三つにアプローチする順序にもポイントがあります。**

最初に時間の使い方にイニシアティブを効かせる。すると、どうしてもコミュニケーションに波及します。次にコミュニケーションにイニシアティブを効かせると、感情に波及します。そこでさらに感情に対してイニシアティブを効かせます。まるで**ドミノ倒しのように連動して、3分野のそれぞれの接続点にも変動が起こります。**

一般的に、時間管理やコミュニケーションスキル、感情整理などの方法はバラバラに扱われることが多いと思います。しかしそうして組み上げられたノウハウでは、それぞれ他分野に波及したときにうまく作用しなくなります。**常にこの3分野について、包括的に働き掛けていくことが効果的**なのです。

第2章

基本3分野を管理する

CHAPTER.02

01

「時間管理」の本質とは

何をすべきかを選択する

イニシアティブシンキングの3分野について、まずは時間について触れます。

ビジネススキルとしての時間管理の大切さについては、改めてお話しするまでもないでしょう。しかし、この「時間管理」という言葉、よくよく考えてみるとおかしなようにも思えます。

そもそも時間の流れそのものは、誰にも管理などできません。時間は人の意思とは無関係に流れるものであり、それを遅くすることも早くすることもできないのです。

そう聞くと、相対性理論を思い出す人もいるでしょう。例えば双子の兄弟がいて、兄は地球上で普通に暮らし、弟は光速に近いスピードで移動しながら暮らしたとします。すると弟の時間の進み方が遅くなります。

あるいは体感時間の違いで語ることもできるでしょう。好きなことに取り組んでいると、あっという間に時間が経つように感じ、反対に気の向かないことに取り組んでいると、時間の経過を遅く感じます。

しかし、私たちの人生を変えるために時間をどう使うのかと考える場合、極端な物理学や体感時間について語っていても仕方ありません。誰が何をしていようとも、平等に1日24時間が与えられていることが前提です。1本の映画を観たら2時間が経ち、ひと晩寝れば7時間が経つのです。

時間管理の本質とは、1年365日、1日24時間、1時間60分という決められた枠の中で、何をするべきなのか、もしくは何をするべきではないのかを選択し、コントロールすることです。この時間枠に対してすべきこと、するべきでないことの振り分けこそが、イニシアティブシンキングで時間に働き掛けることにつながっていきます。

いま、この本を読んでくださっている方は、会社員かもしれませんし、学生かもしれません。専業主婦かもしれません。どんな立場の人であれ、現代日本人のほとんどは多数のアクションアイテムを抱えて生きています。

そして、残念なことに、そのアクションアイテムが行うべきものかそうではないかを自分で判断して、さらにするかしないかをコントロールできる人はごく少数です。会社員なら毎日の仕事の予定は上司からの指示で埋まってしまうでしょうし、学生でも、授業やアルバイトなどでみんな忙しそうにしています。

仕方ないことでもありますが、そうして忙しくしていることが良いことであるという風潮もあります。まるで**スケジュールを詰めていなければダメ人間になってしまうという呪い**にでもかかっているようです。

さらに、成功を目指す人、意識が高い人は、もっと頑張ろうとアクションアイテムを増やしていく傾向があります。これから紹介するようなタイムマネジメントを実践していけば「よせばいいのに」と思えるようになりますが、これが現代日本人の姿です。

こうした時間の使い方のままでは、**自分自身の力を失い続け、バッファは減る一方**です。そして影響力も付かずに、より不自由になっていきます。

あなたの「可処分時間」は

「可処分所得」という言葉があります。家賃や光熱費、食費など、日常生活で出ていく支出を差し引いた後に手元に残る、自由に使える所得のことです。

時間についても同じように考えることができます。1日のうち自分が自由に使える時間を可処分時間とします。

どうしたら有意義な人生を過ごせるか、成功できるかを考え、本やセミナーで新しいノウハウを知ったとしても、可処分時間がなければ実践できません。人生の変化を生み出す余地もないのです。

とはいえ、現代日本人には、可処分時間をたっぷり保有している人はあまりいません。会社に行けば、上司や先輩社員から頼まれることをどんどんこなさなければいけない。残業もして、通勤時間、睡眠、食事にお風呂の時間を合わせれば、大した時間は残されていないでしょう。

時間管理に対するイニシアティブシンキングでは、この可処分時間を増やすことに

フォーカスします。

では、現在のあなたの可処分時間は1日当たり何時間でしょうか。即答できる人は少ないと思います。まずは自分がどのように時間を使っているかを把握していきましょう。

「タイムモニタリング」を習慣にする

弁護士など、専門的な価値を提供する職種の中には、使用した時間にもとづいて代金を請求するスタイルをとる人がいます。「○○の相談1時間○万円」というかたちです。

そのため、彼らは使った時間を正確に記録に残す必要があります。可処分時間を把握するには、彼らのように、**時間を何に費やしたかを記録に残すことが効果的**です。

ここで紹介するのは、「タイムモニタリング」という方法です。1日のうち何をしていたのかを時間ごとに記録して観察します。1日の行動計画（予定）ではありません。実際に過ごした時間を振り返って、何をしたかを記載していきます。

私の場合は、15分を単位（コマ）としています。1時間は4コマ、1日は96コマになります。コマは長過ぎても短過ぎても不便です。1時間をコマにすると、細かい作業などが続いた場合に記録しづらくなります。逆に短くすればするほど、記録の手間がかかります。5分ごとに記録を付けようと思えば、それだけで大変な作業になってしまうでしょう。タイムモニタリングを習慣化するためにも、あまり細かくしてしまうのはよくありません。

仕事の内容やライフスタイルによっても最適な単位は変わってくるでしょう。まずは1コマ15分で始めて、自分なりに調整してみてください。


記録する用紙には、A3サイズの方眼用紙を使用します。大きなサイズのほうが記録しやすいですし、コマを区切るときには方眼用紙が便利です。

まず方眼用紙を96コマに区切り、1時間ごとに時間を記載していきます。毎日の起床時間が決まっているのであれば、起床時間からスタートしたほうがやりやすいと思います。6時に起床するなら4コマごとに6時、7時、8時……と書いていきます。

そこに毎日の行動を書き込んでいきます。コマ数が多くて大変だと感じるかもしれませんが、実際にやってみるとそれほどでもありません。慣れてくれば、15分ほどで1日の行動を記録できます。1日の96コマのうち、1コマだけタイムモニタリングに充てましょう。

いざ記録しようとすると、不明瞭な時間が出てくると思います。この時間に何をしていたかよくわからない。誰かと話していたのかもしれない、考え事をしていたかもしれない。そういう場合は、普段から用紙を持ち歩いて、随時記録していくようにしましょう。そうすることで何をしていたかわからない時間が消えていきます。

こうした記録を習慣にできればいいのですが、そこまでいかなくても、一定期間やってみるだけで効果はあります。タイムモニタリング表を眺めてみると、時間をどのように使っているのか、明瞭になるのがわかると思います。

また、タイムモニタリングには副次的な効果もあります。**記録を付けることで時間の使い方にメリハリが付くようになる**のです。時間管理に対する意識が高まり、空いたこの1コマで何をしようと考えるようになる。結果として時間の使い方も変わってきます。

みなさんの可処分時間は何コマだったでしょうか。1日のうち4コマしかないということもあるかもしれませんが、それで問題ありません。まずは、自分の可処分時間が明確になったことが重要です。

タイムモニタリングの例

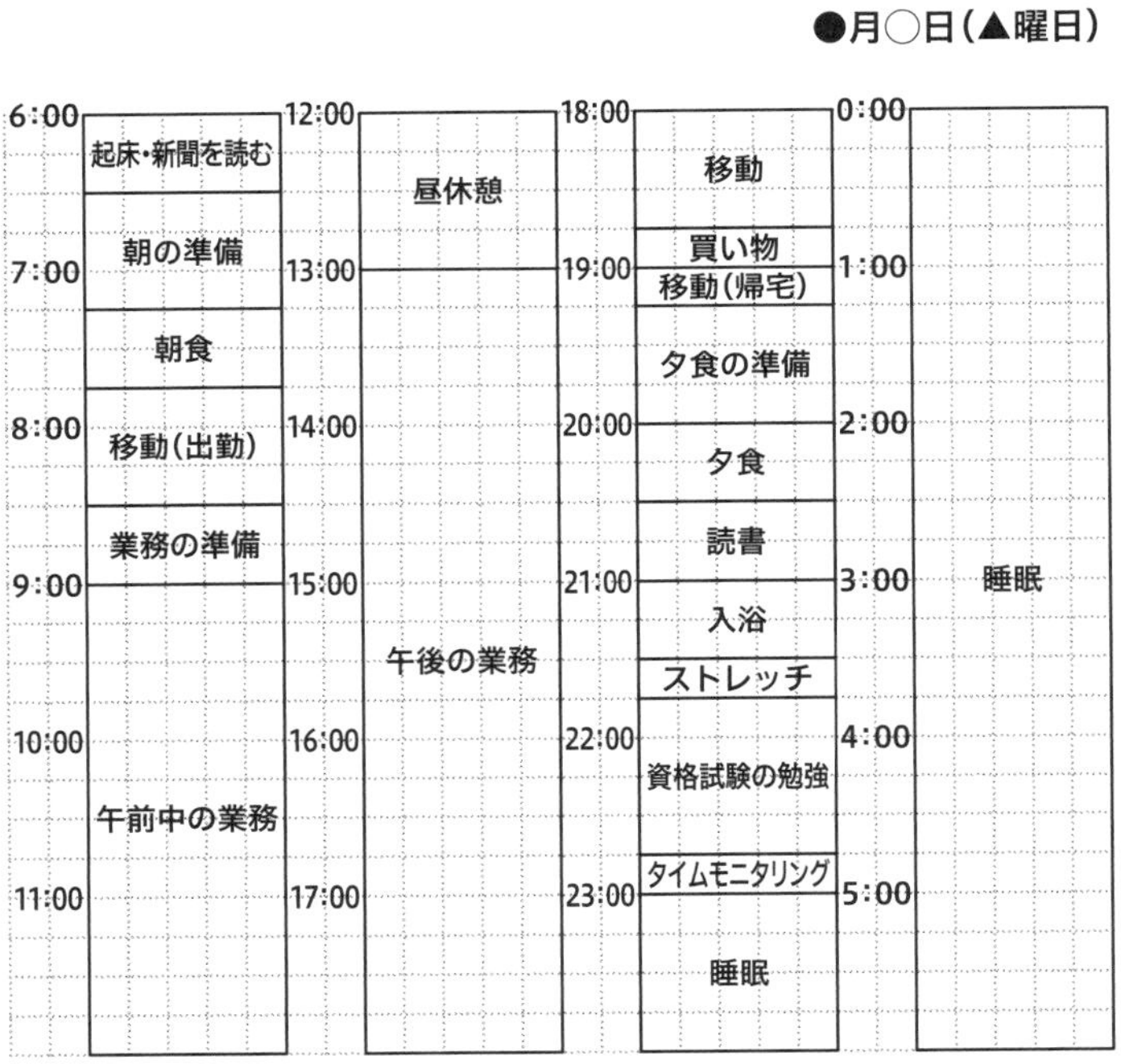

CHAPTER.02

02 成果を生まない行動を切り捨てる

本当にやらなければいけないことか

時間を有効活用するための方法として、作業をスピーディにこなすことで時間を短縮しようとするアプローチが多いと思います。あるいは複数の作業を同時に行うことによって時間をセーブする。例えば、パソコンの電源を立ち上げる時間で、ほかの作業を同時に行うといったことです。

こういう方法を実践することが好きな人もいると思いますが、多くの人にとっては、あまり楽しい方法ではないでしょう。物理的な限界もあります。そこで、ここでは作業の効率化やマルチタスク化については触れません。

では何を考えるのかというと、**いまやっていることが、そもそも本当にやらなければいけないことなのか、**についてです。

例えば、ある2人が英語の勉強をしているとします。

1人は、TOEICで800点を超えなければ、社内規定によって次の昇進試験を受けることすらできません。そのため可処分時間が少ない中で、計画を立てて勉強していきます。これは、その人が昇進を望んでいるのなら明らかに必要なことです。実際に英語力も身に付いていくでしょう。

もう1人は、ここ数年外国との接点もなく、将来海外で活躍したいというビジョンも特にありません。近年の風潮から、なんとなく英語くらいできないとまずいなと考えて、ある程度の時間を費やして英語を勉強します。この場合、英語をどう使うのかというイメージがないため、成果もあまり上がらないでしょう。

後者にとって、英語を勉強する時間には本当に意味があるのでしょうか。**「やらなければいけない」と思っていることの多くは、思い込みによってつくられています。**

そのことについて、少し考えてみましょう。

増えた可処分時間で何をするか

イタリアの経済学者ヴィルフレド・パレートが発見した「80：20の法則」というものがあります。経済だけでなく、組織や社会現象に対してもよく用いられているので、聞いたことがある人も多いでしょう。

この法則を簡単に言えば、「80パーセントの成果は20パーセントのリソースから生み出されている」ということです。例えば、ある企業の全売上の80パーセントは、すべての顧客のうちの売上トップ20パーセントの層から発生している、だからこそリソースを効果的に運用したいときには、80パーセントの利益を生み出している20パーセントに集中するといい、というようにいわれます。

時間の使い方についても、これと同じことが言えます。80パーセントの成果は20パーセントの時間から生まれる。であれば、可処分時間を生み出すために、**20パーセントの成果しか生んでいないのに80パーセントの時間を費やしていることをやめよう**ということです。

具体的に言うと、わざわざ一緒にご飯を食べる必要がない人なら、その人との食事の予定をつくらない、人に何かを頼まれても、やる義務も意味もないと思えば断る、といったことです。

ただ、初めからそのすべてをやめることは難しいでしょう。誰でも、立場や人間関係上、やめられないことも多いと思います。会社員が上司から指示された仕事を放棄したら、会社にいられなくなる可能性もあります（もっとも、いまの会社に所属することを望んでいるなら、上司から頼まれる仕事はやめるべきではない重要なことだと言えますが）。無理のない範囲で、必要ないことに時間を使うのをやめていきましょう。

そうして、増えた可処分時間で何をすべきかを考えます。

誰もが1日24時間を平等に与えられていても、その時間を何に投資すると有意義になるのかは、人それぞれに違います。考え方は、お金の投資と同じです。1万円を投資したら1カ月後に確実に1万千円になるというのなら、誰もが投資します。実際にはそのようなおいしいお金の投資話はありませんが、時間の投資については、そうした可能性も大いにあります。

何に時間を使うと自分の影響力が強まり、より自由が増えるのかを見極めることが重要です。1日に1コマ、興味のある分野の専門書を読むのでもいいでしょう。もしかしたら毎日あと2コマ分睡眠時間を増やしたら、生産性が大きく高まり、職場での評価も上がるかもしれません。

時間はお金に負けないほどに大事なリソースです。時間をどのように使うのかという選択は、お金を何に費やすのかと同じくらい重要に考えるべきです。時間投資の仕方によって今後の成果はまったく変わってくるということを忘れないようにして、取り組んでいきましょう。

CHAPTER.02

03 スケジュールを空白にする覚悟

自分の意志とは無関係に働く思考

「80：20の法則」に則《のっと》って投資に値しない活動をどんどんやめていくと、スケジュールに空白が生まれてきます。

これは喜ぶべきことです。自己投資の時間に充てることもできますし、好きなことをする時間にも使えます。スケジュールに余白が生まれたのは、時間に対するイニシアティブシンキングが効いて、バッファが生み出されたということです。そのためにタイムモニタリングを行い、可処分時間を明確にし、やらなくてもいい行動をやめてきたわけです。

本来、精神衛生上もとても良いはずですが、**実際にスケジュールに空白ができると、人によっては恐怖を感じ始めます。**時間を持て余してしまい、どうしていいのかわからなくなるのです。前述した通り、特に日本では多くの人がスケジュールの空白を嫌がります。心の内側から、ネガティブな思いが浮かんでくるのです。

・「自分は努力をしていないのではないか」という自責
・「自分は非リア充な人間なのではないか」という不安
・「暇な人だと嘲笑《ちょうしょう》されるのではないか」という恐れ
・「自分は世の中に必要とされていないのではないか」という孤独感

このように、人の頭の中には、自分の意志とは無関係に働く思考があります。私はこれを「脳内プログラム」と呼んでいます。この脳内プログラムについては、第4章でより詳しく述べます。

無意識にスケジュールを埋めてしまう

第1章で紹介した、壮大な夢ばかり語り、自分のコントロールできるアクションアイテムがわからなかった女性の話です。

彼女には、自分でコントロールできるところから始める、ということのほかに、もう一つのことしかアドバイスしていません。それは、やめられることをやめてバッファを生み出すことです。

彼女は、必要以上にスケジュールを詰め込むタイプでした。当初はスケジュールがいっぱいで、コンサルの日程を組むのも困難な状況でした。

コンサルを開始して2カ月目、バッファを生み出すために、やめられることを見つけて、やめるようにアドバイスをしました。彼女はフリーランスだったため組織の束縛もなく、また、思い込んだら一気に行動するタイプだということもあり、順調にスケジュールに空きができていきました。

ある日次のコンサルティングの日程を相談すると、スムーズに決めることができました。バッファが生まれてきて、ここから自分がコントロール可能なことにフォーカスしていくことができれば、比較的早く成果が出るかもしれないと思っていました。

ところが、次のコンサルで改めて確認してみると、彼女のスケジュールはまた元のようにびっしりと埋まっていました。せっかく可処分時間を増やしたのに、なぜそうなってしまったのでしょうか。

聞いてみると、彼女は特に必要もない用件で、周囲の人たちに「一緒にランチをしよう」「お茶会しながら近況報告をしよう」と連絡していました。さらにそうした行動はほぼ無意識で、**なぜスケジュールを再びいっぱいにしていったのかを、本人もわかっていませんでした。**

一緒に読み解いていくと、彼女はまさにスケジュールの空白に対して恐怖を感じるタイプであることがわかりました。彼女は自分の行動をひと通り理解できたところで、「スケジュールに空白ができるのは怖いです」とつぶやきました。

そして無駄な用件でスケジュールを埋めることはなくなり、本当に必要なことに時間を使えるようになっていきました。こういう正直さ、素直さが、いまの彼女に本当の意味で充実した人生を送らせているのでしょう。

人は誰にでも、矛盾したところがあります。スケジュールに空白ができた。可処分時間が増えた。バッファが生まれた。本来望ましいことであるはずなのに、**脳内プログラムは、スケジュールが空いていることを自分で否定するように働き掛けてきます。**空白ができたことに対してネガティブな反応をし、無意識のうちに空白を埋めようとしてくるのです。

スケジュールを空白にすることに恐怖を感じるのは、自分を変えるための覚悟が求められているということです。それを理解すれば、違う捉え方ができるようになります。

CHAPTER.02

04 時間管理によるコミュニケーションへの影響

人間関係への影響

時間の使い方を変え、誘われれば参加していた食事会や宴会に行かないようになり、頼まれ事を断わるようになる。すると、多くの場合、コミュニケーションに影響が出てきます。

自分だけで完結することであれば、人との関係性についてアレコレ考える必要がありません。ところが、**切り捨てようとしている80パーセントは、自分以外の人が関わっている可能性が極めて高い**ことです。そもそも成果を生まない活動というのは、他人から持ち込まれて、自分の貴重な時間の中に居着くことが多いからです。成果を生まない80パーセントを切り捨てるということは、その80パーセントに関わっていた人たちとの関係を断ち切るということにもつながるのです。

もちろん食事会や宴会のすべてを否定しているわけではありません。ストレスが解消され、明日も頑張ろうと思えるのなら、十分価値ある時間だと言えます。ただ、惰性で過ごしている時間なら、思い切って断ち切らなければいけません。その判断のためには、自分自身と真剣に向き合う必要があります。**時間の使い方を変更することは、人間関係を変更することにもなる**のです。

そうしてコミュニケーションに影響が出てきたとき、人からどう思われるのかを気にする人がとても多くいます。しかし、人からどう思われるのかを気にしていたら、自分がやりたいことなどやれるはずはありません。

他人の目が気になるというのは、イニシアティブシンキングを実践する上で切実な問題です。日本人は、日々ビクビクしながら、発言に気をつけ、目立たないように行動し、空気を読みながら生きています。「変な人だと思われたくない」「嫌われたくない」ということが人生最大の望みであるかのようです。

ここで、少し世界に目を向けてみましょう。私は仕事柄、アメリカやヨーロッパ、一部南米、中国、東南アジアの人たちとも交流します。語学力の問題もあるので、深いコミュニケーションを取っているわけではありませんが。

そこで日本人との違いとしてよく感じるのは、彼らは他人の目など気にして生きていないということです。

もちろん彼らも、自分が他人からどう見られるかについての配慮はします。不必要に他人に不快な思いをさせたり、自分を悪く見せたりはしません。しかし、彼らにとって**他人が自分のことをどう思うのかは、自分の問題ではありません。配慮をした上で、最終的にその相手の問題**だと考えているのです。

異文化コミュニケーションの領域になりますが、国や民族の違いにより、他人との接し方には特徴があります。日本人は、他人と自分との間の境界線があいまいで、必要以上に他人からどう思われるのかを気にしてしまいます。

日本人が悪いというわけではありません。周囲との共存を大事にしようとする価値観はとてもすばらしいものです。しかし、イニシアティブシンキングを培《つちか》い、自分の人生を開拓しようとする上では弊害となることがあるのです。

時間とコミュニケーションは、一見無関係のように思えます。関連させて考えたことのある人も少ないかもしれません。しかしここまでお話ししたように、時間の使い方を変えることによっても、コミュニケーションの問題は生じます。そうしてせっかく時間の使い方を改善し、スケジュールに空白を作り出したのに、他人との関係性を保つための予定を入れてしまう。

ここは乗り越えていかなければならない課題です。コミュニケーションの問題に対してイニシアティブシンキングを働かせていかなければ、結局、元に戻ってしまいます。自分と他人との境界線を明確にして、人からどう思われるかで一喜一憂しない生き方もあるということを考えてみましょう。

「厚黒学」に学ぶ成功要因

他人の目が気になるというメンタリティを変えるために、中国のインパクトのある考え方を紹介します。人とのコミュニケーションについて、ヒントになることがあるはずです。

船井総合研究所の創業者である船井幸雄《ゆきお》氏が、著書の中で中国の「厚黒学（こうこくがく／あっこくがく）」という学問を紹介しています。その詳細については触れられていませんでしたが、必ず知っておくべきこととして書かれていました。

厚い、黒い、学。いったいどんなことなのかと私は興味津々《しんしん》になり、日本で唯一、厚黒学について紹介していた書籍を取り寄せました。

読んでみると、「厚」というのは、「面《つら》の皮が厚い」の「厚」でした。「黒」は「腹黒い」の「黒」です。もともとは清朝《しんちょう》末期の李宗吾《りそうご》という学者が提唱した考え方で、当時、世間からの反響が高く、刊行された書籍も飛ぶように売れたそうです。

この本では、中国史上の英傑が分析されていました。例えば、三国時代に争った時代のリーダーたちはこのように論じられていました。

劉備玄徳《りゅうびげんとく》は面の皮が厚い男だったので、蜀《しょく》という国を建国することができた。孫《そん》権《けん》は腹黒い男だったので呉《ご》という国を生きながらえさせることができた。そして面の皮も厚く、腹黒さも兼ね備えていた魏《ぎ》の曹操《そうそう》が、最終的に三国時代を制することができた。

戦国時代を制して国家を治めるような英傑になるには、面の皮の厚さと、腹黒さが必須のコンピテンシー（高い成果につながる行動や思考の特性）だと考えられていたのです。日本の武将であれば、織田信長が腹黒く、豊臣秀吉が面の皮が厚く、徳川家康が腹黒く面の皮が厚い男だったというところでしょうか。

私はこの本に出会うまでに、『道は開ける』や『人を動かす』といった、アメリカ由来の成功本を読んでいましたが、どの本でも、こんなに振り切った切り口で成功の要因が語られていることはありませんでした。

自分の見せ方を工夫する

こうして厚黒学を知ったのですが、当時学生だった私には、成功者になるための要素としてはリアリティを感じませんでした。面の皮の厚さと腹黒さで分析されても、実感として理解できません。

しかし、社会に出て、実際に成功した人、そうでない人を観察していくことで、厚黒学が浮かび上がってきました。

成功している人は、やはり、面の皮が厚くて、腹黒い傾向が強い。

面の皮が厚い人は、成功のために必要なことを実践するとき、多くの日本人が人目を気にして腰が退けてしまうような場面でも、ぐいぐいと前に出ていく強さを持っています。そして腹黒い人は、冷徹に、そして正確に、自分が得たいものをどのように手に入れていくのか常に計算しています。その両方を兼ね備えていれば、成功も近付くのでしょう。

ただ、**彼らは周りに「厚黒」だと感じさせるような振る舞いは見せません。**本当に面の皮の厚い人間、腹黒い人間は、自分のことを周りの人にそうだとは気付かせないのです。状況や言動を掘り下げたり、付き合いが深くなったりすることで、厚黒だなと感じることがありましたが、付き合いの浅いうちや普段の行動からは、そう見えませんでした。

こうした成功者の観察と分析の結果を、つまり、厚黒学がいかに重要なのかを誰かに話すと、女性はまず嫌がります。男性もネガティブな反応を見せる場合が多い。「厚黒」は日本の美徳には合わないのです。この明らかな拒否反応こそが、日本人がいかに他人の目を気にして、人に嫌われないために腐心し、暇を割いているのかを表しています。

しかし、繰り返しますが、本当に成功する厚黒な人は、決して、面の皮が厚く腹黒いというイメージを人に与えません。厚黒であることと、嫌われることとは別の話なのです。もっと言えば、**付き合い方が多少変わっても、人から嫌われるとは限りません。**

心の中では人からどのように見られるかはどうでもいいと思いつつも、周りに対してどのように自分を見せるのかを工夫して努力する。それが「厚黒」ということです。成功者たちはこうした感覚が突き抜けているのです。

CHAPTER.02

05 すべてをさらけ出してはいけない

「秘すれば花」の魅力

コミュニケーションに関する最近の傾向に、違和感を覚えることがあります。

近年は、「自分のことをオープンにするのは良いことだ」という風潮があります。多くの人が、ブログやSNSで、「今日はこんなものを食べています」「この本が面白かったです」といったように、日常生活をオープンにしてしまいます。

そのこと自体が必ずしも悪いというわけではないのですが、こういった傾向とは、真逆の考え方を知っておく必要があります。

「秘すれば花」という言葉があります。能の大家である世阿弥《ぜあみ》の『風姿花伝《ふうしかでん》』という書物に書かれている「秘すれば花なり秘せずは花なるべからず」が由来です。すべてのことをさらけ出してしまい、秘密めいたところがなくなれば魅力は失われる、誰も知らない面を持つことで、いざというときに周囲を圧倒することができる、という、芸事の道について説いたものです。

人との付き合いにも同じことが言えます。男女関係を表現するときに、「相手に飽きる」という言葉を使うことがあります。相手がどういうときに、どういう反応をするか、すべてわかってしまっている。つまり**秘密の部分がなくなるから飽きる**のです。

人と人との付き合いをする上で、自分の情報をオープンにするメリットは、安心感を与えられることです。しかし、すべてオープンにして、**相手に安心感を与え過ぎた人間は、「いい人」ではなく「どうでもいい人」になりがち**です。

何も考えずにすべてをさらけ出してしまうと、見る人に安心感を与えられても、秘密めいたところやミステリアスなところを失ってしまいます。そしてそれらの要素は多くの場合、その人の魅力となっていることを忘れてはいけません。

SNSやブログを趣味でやっているというのであれば、問題ありません。しかし、ビジネスのためにメディアを活用している場合、自分の魅力を伝えることで他者からの興味を惹き付けよう、という目的があるはずです。それを忘れてはいけないのです。

自分をオープンにすることで失うもの

自分を全部さらけ出してしまうことで、もう一つ、起こることがあります。**周りからレッテルを貼られ、自分に対する一定のイメージが作り上げられてしまう**のです。

いったんレッテルを貼られた人がレッテル通りの言動をしないでいると、見ている人間は反感を持ちます。例えば、「真面目な人」とレッテルを貼られた人が怠けていると、周囲は「なんだあいつ、怠けやがって」と受け取ります。これが普段から不真面目な人であれば周囲も反感を持ちません。「怠ける」という行動は同じなのに、前者の場合だけデメリットを被《こうむ》るのです。

そのため、**人は無意識のうちにレッテル通りに生きようとし始めます**。イニシアティブシンキングでより自由になろうとしているのに、より不自由になってしまう。これでは、本末転倒です。

このように、自分をさらけ出すことで、安心感を与えたことと引き換えに、失うものがあります。すべて隠してしまえばSNSも何もありませんが、気をつけなければ、魅力を喪失したり、レッテル通りに生きなければいけなくなったりする。手軽な情報発信ツールがあって当たり前の時代だからこそ、自分の何をオープンにし、何を秘密にするのか、きちんと意識していくべきです。

余談ですが、私の名前は、「山岸洋一」と書きます。小学生の頃から、クラス替えのたびに、先生からは「ヤマギシヨウイチくん」と呼ばれ、それを訂正していました。というのも、私の名前は「ヨウイチ」ではなく「ヒロカズ」と読むからです。

ただ、毎度のことだったので、いちいち訂正するのを面倒に感じるようになりました。大学に入学してもみんな私のことを「ヨウイチ」だと認識していましたが、そのままにしていました。結局、本当に親しい一部を除いて、友人たちに私の本当の名前を知らせないまま、4年間を過ごしました。

卒業する頃、その後も付き合いが続きそうな友人たちには、自分の名前がヨウイチではなく、ヒロカズだと伝えました。そのときの友人たちの反応は、私の想像をはるかに超え、驚く人、怒りだす人とさまざまでした。ある友人からは、「ヨウイチ君だと思っていたのに、ヒロカズ君だと思っただけで、別の人と話しているみたい」と泣かれてしまいました。

「秘すれば花」も使い方を間違えると逆効果。注意しなければいけないようです。

CHAPTER.02

06 感情を交えずニュートラルに交流する

相手に対する期待を捨てる

最近は、人間関係について愚痴を言う人がたくさんいます。そういった人たちの話を掘り下げていくと、ある共通点が見えてきます。

悪口の根っこには、「私はここまでしてあげているのに、あの人は自分に対して何もしてくれない」という気持ちが横たわっています。**自分が相手にしたことと、相手が自分にしてくれたことを天秤に掛けて、アンバランスに感じる**のです。そしてこの状態は我慢できないと思い、人の悪口を言うわけです。

そもそも人間は、自分が相手にしてあげたことをとても強く記憶します。反対に、相手に対してネガティブなことをしてしまった場合は、その記憶を消滅させようとします。

一方で相手が自分にしてくれたこともすぐに忘れます。そのときは感謝の気持ちを表しますが、時間とともに消えていきます。人間の記憶のメカニズムは、都合の悪いことは忘れるようにできているのです。ところが、相手が自分に対して投げ掛けた気に入らない言葉や不義理なことはずっと覚えていたりします。

そのようにして「私はここまでしてあげているのに」という気持ちが強くなり、相手に対して不満を持つようになります。

ここに考えるべき点があります。したこととされたことのアンバランスさに振り回されるということは、**相手の言動によって自分がコントロールされている**ということです。つまり、影響力を損ない、不自由になっている状態です。

第1章で、私がプロジェクトリーダーを任された際、価値観の多様化したメンバーに期待を捨てて対応した、というお話をしましたが、ここでも重要なのは「期待」を捨てることです。

自分が相手に何かをしても、相手は何をしてくれるのだろうかとは考えないようにする。例えば相手の誕生日にはプレゼントを贈るけれど、相手が自分の誕生日に何かを贈ってくれるのではないかとは考えないようにします。

自分がしてあげることは、自分がやりたいからやっているのであり、それに対しての見返りは一切期待しない。そのような考え方で人と付き合っていくことで、感情を交えずニュートラルにコミュニケーションできるようになります。イニシアティブを効かせやすくなりますし、精神衛生上も良くなります。

人との付き合いを記録に残す

年齢を重ねるとともに、人との付き合いは増える一方です。荷物の増えた部屋や家と同様に、人間関係も整理することが必要です。

人間関係を整理するときに役に立つのが「記録」です。

相手が何をしてくれるのかと期待はしないけれど、記録はする。例えば、あの人に誕生日プレゼントを贈った、お中元、お歳暮を贈った、あの人が困っているときにサポートした、といったことなどを記録します。同じように相手が自分のためにしてくれたことも記録します。自分の感情や印象は入れずに、事実だけを記録に残していきます。

そうして記録すると同時に、見返りを求めてしまう自分の気持ちを消化させます。日時と一緒に文字化して記録することで感情が切り離され、客観的な一つの事実になるイメージです。

人間関係を一定期間ごとに見直し、今後、その人とどう付き合っていくべきなのかを考える時間をつくりましょう。付き合いを続けるべきなのか、会う頻度はどうするか、付き合うときはどうするべきなのか。そうやって、それぞれの相手との付き合い方を変えていきます。

人間関係の中で感情が浮き沈みしたり、エネルギーを摩耗したりしていると感じる人は、特に試してほしいと思います。感情がブレない生き方を獲得することができるようになります。他人とのコミュニケーションで悩むことも減るでしょう。それが時間やコミュニケーションに対するイニシアティブを効かせることに直結するのです。

07 時代に合わせた効率的なコミュニケーション

人をパターン分けして付き合う

現代社会では、私たちはいつも莫大な情報に囲まれて生活しています。人々の価値観は多様化し、頭の中がバラバラな人同士のためオーバーフローを起こし、コミュニケーションがさまざまな場で崩壊しています。

このことはすでにお伝えした通りですが、では、崩壊しているコミュニケーションをどのように取り戻していけばいいのでしょうか。

その**カギは、コミュニケーション時の情報処理**にあります。オーバーフローを避けるために、情報処理にバッファをつくることができればいいのです。

具体的な方法として、ここでは便利な知恵をご紹介します。それは**人をパターンに分類して付き合う方法**です。

人は人物像をタイプ分けするのが好きです。日本では血液型で人の性格や相性が語られることが多いですが、アメリカで血液型で人を判断していると言ったら笑われてしまいます。「なぜ日本人は血液型の話であんなに盛り上がるのかわからない」と言う外国人も多くいます。日本人はコミュニケーションを重要視し、密に付き合おうとするため、相手のことを少しでもわかりたいという欲求が強いのかもしれません。

血液型はともかく、人をタイプ分類して付き合うことには多くのメリットがあります。ただしその分類が複雑過ぎると良くありません。そもそも血液型診断が日本人に人気がある理由には、血液型が4種類のみでそれぞれの特徴を簡単に覚えることができ、相性なども考えやすいことがあると言えるでしょう。

誰もが無理なく使いこなせるタイプの数は、4種類くらいまでだと考えられます。何十種類にも分かれたりすると、本来の目的から外れてしまいます。情報処理にバッファをつくるはずが、タイプ分類のためにエネルギーを消耗してしまっては意味がありません。

4タイプに合わせたコミュニケーション

私は、人を分類するとき次の4タイプを考えます。

・論理優勢／論理的で分析が得意
・感情優勢／感情的で共感性が高い
・発想優勢／発想豊かでひらめいたことをやりたい
・ルーチン優勢／ルール通りに進めたい

この四つのどれかに分類されるということではなく、論理優勢と感情優勢、発想優勢とルーチン優勢は、それぞれ対になっています。人は論理と感情のどちらで動くのかが決まっている一方で、発想豊かで新しいことを試したいか、ルーチン通りに物事を進めたいかも決まっています。それぞれバランスが取れている人もいますが、ほとんどの人はどちらかに偏っています。

4タイプ分類

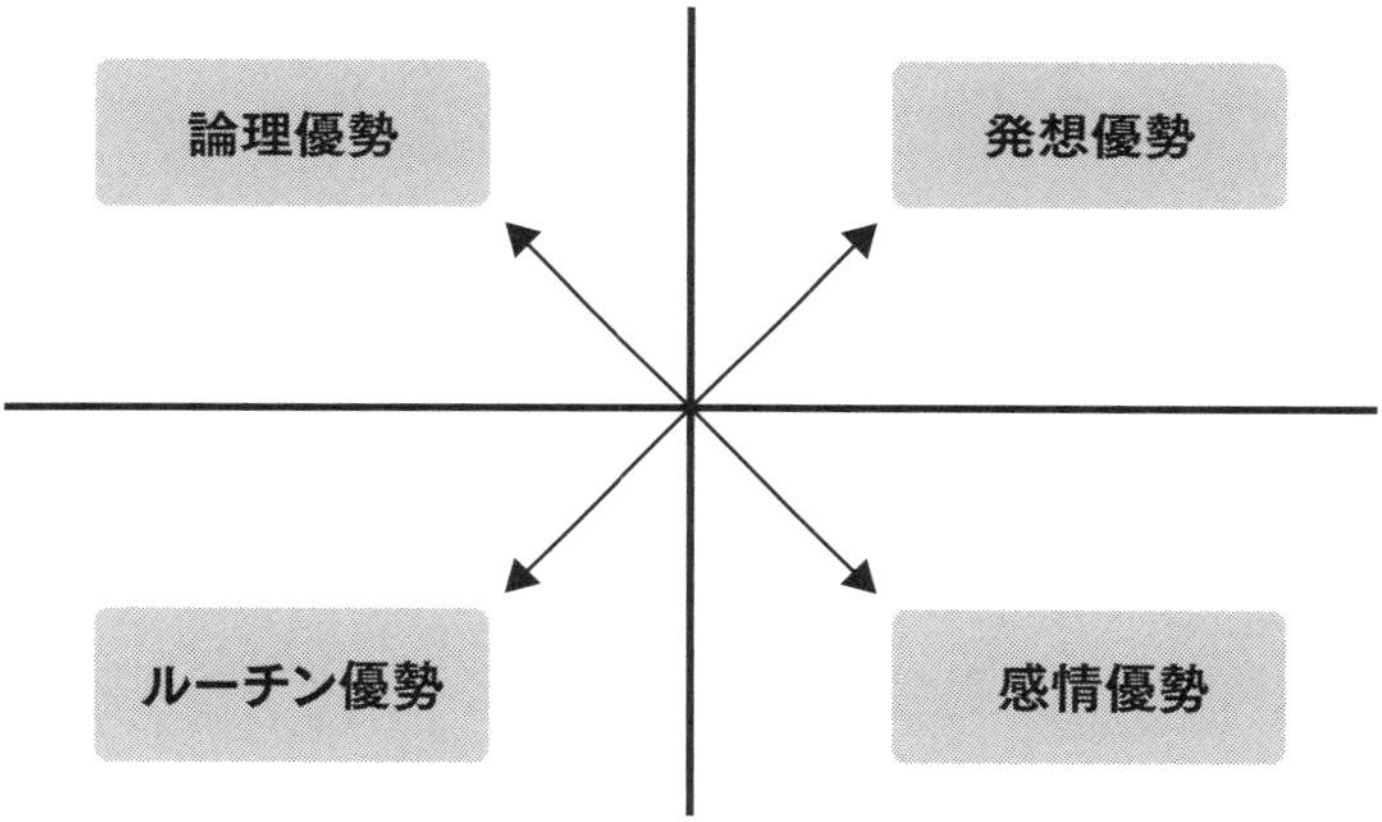

対になっているタイプの人と接する場合は注意が必要です。論理優勢の人は感情優勢の人を「気分で動きがちで繊細な傷つきやすい人」と捉え、逆に感情優勢の人は論理優勢の人を「理屈っぽい人」と捉えてしまいます。また、発想優勢の人はルーチン優勢の人を「決められた手順にこだわる頑固な人」と捉え、逆にルーチン優勢の人は発想優勢の人を「決められた手順を守れずに新しいことを試したがるいい加減な人」と捉えてしまいます。

こうした分類を知らなければ、単に「嫌なヤツ」になってしまいかねません。**お互いのタイプを知り、その良さを尊重して生かし合うことができれば、より良い人間関係を築くことが期待できます。**

このタイプ分類を使って、自分自身と周りの人たちを分析してみましょう。

ちなみに私は、論理と発想が優勢の傾向が強いタイプです。自分の傾向が理解できているので、接する相手のタイプに応じて気を配るポイントを変えています。

例えば、感情優勢の人と接するときには、説明などは簡潔にしつつ、いきなり結論を断定的に伝えることは控えるようにしています。ルーチン優勢の人に対しては、自分が思い付いたことをそのままぶつけるのではなく、相手が大切にしている手順や過去からの経緯を尊重するようにしています。

相手のタイプに合わせて気を配れるようになると、人間関係の摩擦に悩むことも減り、物事がスムーズに運ぶことが増えてきます。


また、**自分が好意を持つ人、反対に好意を持ってくれる人のタイプが理解できていると、コミュニケーションがスムーズになります**。男女問わず、これまでに自分が好意を持った人や好意を持たれた相手はどのタイプなのかを分析してみましょう。共通の傾向が見えてくるのではないでしょうか。逆に円滑にコミュニケーションが取れない相手にも共通の傾向があるかもしれません。

人が好意を持つタイプというのは、ある程度決まっています。自分にあまり好意や興味を持ってくれないタイプの人たちに対して、こちらに向いてもらえるように一生懸命努力をしたところで、無駄に終わることが多いでしょう。自分に対して好意を持ってくれるタイプに対して働き掛けるほうが、断然効果を期待できます。

恋愛で言えば、好意を持ってくれない相手に努力をするのは、残念ながらエネルギーの無駄です。10代の高校生が好きな異性を振り向かせたいということなら、どんなタイプであっても努力する経験に意義があるとも言えます。しかし、いい年をした大人が実らない努力にエネルギーを振り向けることは、やめたほうがいいのかもしれません。

コミュニケーションは道徳では済まない

人を分類して付き合うというと、テクニカルな印象を受けて嫌に感じる人もいるでしょう。分類などせずに、一人ひとりと向き合うべきだと思われるかもしれません。

近年、「ダイバーシティ」という考え方が重視されています。簡単に言えば、性別、人種、民族、宗教、ジェネレーションなどさまざまな違いを多様性として受け入れ、お互いに尊重し合って生きていこうということです。「個人と向き合って付き合おう」というのも、ほぼ同義だと思います。道徳論として、あるいは人と接するときの心の姿勢として、こうした考え方に反対する人は少ないでしょう。

矛盾するようですが、私もそう思います。

ただ、繰り返しになりますが、**問題なのは、情報処理が追い付かずにオーバーフローを起こしている人が多いということ**です。「個人と向き合う」を実践しようとすると、最後はこの問題に行き着きます。

現代社会では、コミュニケーションは道徳論だけでは済みません。厳しい話ですが、人によって情報処理能力には大きな開きがあります。同じ状況下でも余裕で情報処理をこなせる人もいれば、オーバーフローを起こしてしまう人もいます。

余裕のある側の人ならそれでいいと思います。しかしコミュニケーションに問題があると感じているのであれば、バッファをつくることを意識するべきです。それに、長期的に良い人間関係を築いていくために、タイプ分類を入口にしても問題ないのではないでしょうか。

大切なことは、どうバッファをつくるかです。人を4タイプに分類するだけで、コミュニケーションが楽になる。ぜひ試していただきたいと思います。

作為なく愛情を注ぐ人を決める

ここまで作為的なコミュニケーションについて説明してきましたが、ここで真逆の話をします。

戦略的に人間関係を築いたり、コミュニケーションをしたりすることで、自分の影響力を強め、より自由になれるように努力をする。しかしその結果、**人間関係があまりに作為的になってしまうと、心が殺伐《さつばつ》としてしまいます**。イニシアティブシンキングで自由になって影響力を強めても、それでは幸せとは言えません。

作為的なコミュニケーションの一方で、そうした意図を一切持たずに**無条件の愛情を注ぐ相手を決めておくべき**です。相手を深く理解して、必要があれば見返りなど求めずにサポートする。精神衛生上もそのほうが良いと思います。

数は少なくて構いません。自分の子ども、配偶者、両親でもいい。家族でなくても、友人でもいい。人としてのバランスを保つためにも、とても重要なことです。

ここで大切なことは、相手のことを深く知ることです。**愛情を注ぐ方法を間違える人が多くいます。**

人はブラックボックスがあるために目標を適切に設定できないとお話ししましたが、残念なことに人を大事にする方法もまたブラックボックスです。どのように大事にされたいかは、人によってまったく異なります。独りよがりに、自分の思う愛情をそのまま注ごうとすると、迷惑になってしまうこともあります。

一切の作為なくして愛情を注ぐと決めた人であれば、その人の話をよく聞き、注意深く行動を観察し、より深く知る努力をしなければいけません。通り一遍のコミュニケーションでその人を知ったつもりになるのではなく、感情を込めて傾聴する。こちらの言動に対する相手の反応を観察して、どんなことをされるのが嫌なのか、どのように扱われるのが好きなのかを理解していく。

そこまでしても、他人をすべて理解することなど到底できません。しかし、**相手を理解しようとする姿勢や努力が、相手に対して無条件の愛情を注ぐということ**だとも言えます。そうして相手のためにと思ってやることが、相手の望みに添うようになっていくのではないでしょうか。

それに、誰かを大切にする方法を一生かけて磨いていくことが、最も影響力を強め、より自由になるきっかけになるのかもしれません。そうした相手を少しずつでも増やしていけば、素敵な生き方につながるはずです。

CHAPTER.02

08 自分の感情に振り回されないために

コミュニケーション管理で起こる現象

イニシアティブシンキングを発揮するための3分野として、ここまでに「時間」と「コミュニケーション」を扱いました。残るは「感情」です。

繰り返しになりますが、一般的には、時間管理、コミュニケーション、感情の整理はまったく別分野のものとして、それぞれにノウハウが確立されています。しかし、この**3分野はすべてつながっています**。ある分野に変化を加えれば、必ずほかの分野に波及します。

いままでやってきたことをやらなくすることで、可処分時間を増やす。例えば、頼まれ事や食事会などを断ることが増えると、次に人間関係に問題が出てきます。そのためコミュニケーションについて取り扱ったのですが、**ここまで来ると、多くの人は感情がざわつき始めます。**特に理由もなく落ち込んだり、あるいは急にハイになったり。時間の使い方を変えたことによって生じた日々の変化、人間関係に揺らぎが生じたことによる不安感などが、意識の深い部分に刺激を与えるのだと思います。

人にはいろいろな感情があります。喜び、怒り、悲しさ、楽しさ。ほかにも、寂しさ、嫉妬などさまざまです。それらの感情に襲われたり、気分がアップダウンしたりすることも当然あるでしょう。

「感情は人生のスパイス」とはよく言ったもので、人生は感情があるからこそ楽しくなるという側面があります。しかし、スパイスにすべき感情に振り回されている状況、言い換えれば、**感情が動かされるような出来事に自分が支配されてしまっている状況は、イニシアティブを効かせているとは言えません。**主導権を奪われ、不自由になっているのです。

「感情の主人」でいられるように

感情を人生のスパイスとして楽しめるようになるためには、**感情をたっぷり味わってなお、執着したり浸り切ったりしてしまわない**、いわば「感情の主人」になってコントロールする必要があります。

ある昔話を紹介します。仏教の教えを語る際に出てくるエピソードです。

悟りを開いた老僧とその弟子が、連れ立って旅をしていました。峠にある茶屋に差し掛かり、2人は休憩することにしました。お茶を持ってきた娘がとてもかわいらしく、それを見た老僧は、「あの娘はとてもかわいい娘さんだなあ」と褒めました。

弟子は、悟りを開いた師匠でも、そのようなことを思うのかと驚きました。老僧は、「いやいや、それは当然だろう。かわいい娘さんを見たらかわいいと思うよ」と言いました。弟子も、それに相槌《あいづち》を打ちました。

休憩を終え、2人はまた連れ立って、山の中を歩きだしました。しばらく時間が過ぎましたが、弟子の頭の中は、かわいらしい茶屋の娘のことでいっぱいでした。そこで、弟子は老僧に言いました。

「師匠、それにしても先ほどの娘さんは、本当にかわいかったですね」

すると老僧は弟子をたしなめました。

「お前は、まだ茶屋の娘のことを考えていたのか。その思いにいつまでも囚われていることこそが、お前の修行の足りないところだ」

悟りを開いた老僧ですら、かわいい娘を見れば心が動かされます。しかし、山道を歩き出せば、いつまでもそのことに執着はしません。一方で、弟子の気持ちは茶屋の娘から離れられず、心が乱れてしまっています。感情の主人になってコントロールする老僧と、感情に振り回される弟子。これが両者の決定的な違いです。

もう一つ、紹介したいエピソードがあります。鈴木大拙《だいせつ》という、世界に日本の禅を広めた仏教哲学者の話です。

彼は、英語で禅についての著作を数多く残しました。石川県の金沢市に、鈴木大拙館という資料館ができたほどの偉人です。ちなみに鈴木大拙館は、GINZA SIXやニユーヨーク近代美術館の新館を設計した建築家が設計しています。興味がある人はぜひ訪れてみてください。訪問した人が思いを巡らせ思索させられる、とても静謐《せいひつ》な空間です。

大拙が、近親者が亡くなったときに泣きました。周りの人は、これほど世界的に有名で偉大な人でも泣くことに、「先生のような人も近親者が亡くなられたら泣くのですね」と驚きました。すると大拙は、「悲しいときに泣くのが禅である」と返しました。

近親者が亡くなったときには、悲しみを押し殺さずに涙を流す。大拙も老僧と同じように、強い感情を感じたときにはそれを素直に表しますが、いつまでもその感情に引っ張られ続けるということはなかったのでしょう。

私たちも感情に振り回されるのではなく、老僧や大拙のように感情の主人でいられるようにしたいものです。

CHAPTER.02

09 刺激にどう反応するかを自分で決める

刺激と反応を切り離す

人は、さまざまな刺激の中で生きています。情報も刺激の一つの形であり、現代社会では、人が情報という刺激を受けないで生きていくのは困難です。そして、こういった**刺激に対して、ある種の反応を無意識に繰り返しているのが人間**です。ここで言う「反応」とは、行動や態度に表れるものだけではありません。心や感情の動きも含めた、広い意味でお話ししていきます。

無意識に反応するということは、影響力と自由を大いに失っている状態です。例えば、嫌いな人が話しているだけで心の中が腹立たしくなったり、怒りを感じたりする。

それは嫌いな相手の言動にコントロールされていることになります。そうしたパターンが毎度繰り返されるのでは、イニシアティブを効かせているとは言えません。

感情が発生するのは、人間である以上仕方ありません。しかし、感情を発生させてしまった自分に対して、どのようにイニシアティブシンキングを効かせていくかを意識する必要があります。**刺激に対して無意識にしてしまう反応を認識して、切り離す**のです。

そのために必要なのは、まず、**どんな刺激が来ても、どう反応するかを自分で選択するという決断**です。人間は1日に万単位の刺激に晒されています。すべての刺激を意識して反応を選択するのは簡単ではありません。

やってくる刺激の1パーセントでもいい。まずは、自分のできるところから、反応を選択しましょう。「いままでだったらこう反応していたけれど、別の反応を選択してみよう」くらいで大丈夫です。

例えば、良かれと思って後輩にアドバイスをしたら、迷惑そうな態度を取られたとします。いつもの自分だったら頭に来てさらに説教してしまうところを、「まあこいつにもそれなりの考えがあるのだろう」と軽く受け止めて笑顔で接してみる。いちいち大きく感情を動かさないほうに反応を選択してみるというイメージです。それを少しずつでも広げていくことができれば、人生は必ず変化していきます。

外部からの刺激と内部からの刺激

刺激には2種類あります。

一つは、外部からやって来る刺激です。例えばメールでメッセージが送られてきた、誰かに話し掛けられた、何かの情報をウェブページやＴＶで見た、といったことなどです。先ほどの後輩の態度もこちらに当てはまります。

もう一つは、自分の内側からの刺激です。こちらはイメージしづらいかもしれません。自分の内面から湧き上がってくる感情や、想起される記憶などのことです。何のきっかけもなく、急に悲しくなったり、楽しくなったりすることがあると思います。あるいは、脈絡もなく昔のことを思い出すといったことです。

刺激に対して反応を選択するということを考えると、外部からの刺激に対しては対応しやすいと言えます。例えば仕事で取引先から腹の立つ内容のメールが送られて来たとしても、必要な判断を冷静に考えて対応する、という選択はできるでしょう。もちろん完璧に選択できるわけではありませんが。

しかし、**内部からの刺激に対しては、反応を選択することが難しくなります**。というのも、内側からやってくる刺激は、強い感情を伴ってくることが多いからです。感情とセットになっているがためにあっという間に感情の渦に飲み込まれ、無意識に反応してしまうことが多くなります。特に何かを言われたり、何かを見たりしたわけでもないのに湧き上がる感情については、客観的に捉えづらいのです。

外部からの刺激と同様に、内部からの刺激についても反応を選択すると決断しなければいけません。怒りでも淋しさでも、突然湧き上がってきた感情をつかまえて、いま自分はその感情を味わっていると冷静に観察、分析する。そうした感覚を持つことができると、反応を選択しやすくなります。

完璧主義を捨て、できないときにも自分を責めずに、できるだけ対応を選択できるようにする。そして少しずつその選択をできる割合を増やしていきます。継続するうちに、自分の力を取り戻す感覚が出てくるでしょう。

CHAPTER.02

10 感情をコントロールするアプローチ

自分だけのルールを決める

感情にはさまざまな種類がありますが、どの感情を強く感じやすいのか、どの感情に振り回されやすいのかは人によって違います。例えば、怒りを制御できない人、いったん寂しくなるとどうしようもなくなる人、良いことがあったら周りの人が困惑するくらいに喜ぶ人。人は自分のことしかわからず、他人のことに気が付かない場合が多いですが、**どの感情に対する反応が強く出るかは人それぞれ特有**なのです。

私がコンサルをさせていただいた、外資系企業で働くある女性の例です。

外資系企業というのは、本当に殺伐としています。業績によっては、ある日突然、退職のときを迎えます。1カ月後や1週間後の退職ではありません。

ある日出社してオフィスに入ろうとしますが、IDカードをいくらかざしてもドアが開きません。そこに人事部の社員がやって来ます。私物の入った箱を渡され、「明日から来なくていい」と言われます。こうしたことを「ロックアウト」といいますが、過酷な世界です。外資系企業でも日本法人の場合は、若干ソフトな対応をしていることが多いようですが、どこも似たようなものではないでしょうか。

私が取り引きしていた外資系金融会社では、こんな話もありました。

ある日、投資部門のパソコンがフリーズしてしまいました。いまこの瞬間に損切しなければ損失が拡大するというシリアスな局面です。

そこに、パソコンの修理やメンテナンスを担うサポートスタッフが呼び出されるのですが、再びパソコンが立ち上がるまで、延々と怒声を投げつけられます。「お前がこのパソコンを再起動できない間に損失が出たらどうしてくれるんだ！」と怒鳴られ、罵《ば》詈《り》雑《ぞう》言《ごん》のシャワーを浴びながら、パソコンをメンテナンスしなければいけません。

外資系企業では、とにかく精神的にタフでないとやっていられないのです。

クライアントの彼女は、邦銀で数年間仕事をした後、誰もが知っている外資系金融機関に転職して20年間活躍しました。過酷な職場で長年働いてきた彼女も、相当強い精神力の持ち主です。最初は、理不尽なことや気に入らないことがあると、すぐに怒って不満を表明していたそうです。

しかし、彼女はあるときから考え方を改めました。あまり怒ってばかりいても、ヒステリックな女性だと思われるだけ。だから怒る回数を決めてしまおうと考えたのです。

そこで彼女は、1年間に4回、つまり1シーズンに1回だけ怒ることにしました。春に1度怒ったら、もう夏になるまで怒ることができません。春が終わるまで怒りをなんとかなだめて過ごします。

そうして**自分なりのルールを定めてみると、とても楽に自分の感情をコントロールできるようになった**そうです。理不尽なことが起きて頭に血がのぼることがあっても、すぐに冷静になれます。「いやいや、まだ春になったばかりだから、1枚しかないカードを使うわけにはいかない」と思い直し、怒りを鎮めることができるのです。逆に夏が近付いてくると、「そろそろ夏になるから、1回怒っておくか」などと考えます。

また、周囲の人たちからも忍耐強い人だと思われるようになりました。忍耐強い彼女が季節に1回だけの大爆発をすると、周囲は「あれほど我慢強い人が怒るのだから、よっぽどのことだろう」と考えます。そうして彼女の味方をしてくれる人が増えていったそうです。結果、社内で彼女の意見が通りやすくなっていきました。

彼女は怒る回数を決めることで、無理なく怒りの感情をコントロールすることに成功しました。そして、ここぞというときに怒ることで、自分の意思を通すことができる影響力と自由を手に入れました。

自分の感情と向き合い、適切にコントロールできるようになるきっかけはいくらでもあります。制御できずに困ってしまう感情は、怒りではなく別の感情もあると思います。自分なりのルールを決め、感情をコントロールしていく方法を試行錯誤してみましょう。

例えば、何かが原因ですぐに落ち込んでしまったり、悲しくなってしまったりするという人は、自分の置かれている状況をできるだけ冷静にノートに書き出してみるのもいいでしょう。ノートに書くことで客観的に見ることができ、感情を切り離してコントロールしやすくなります。大切なのは、感情にただ流されるのではなく、自分なりに対応策を考えて実行してみるということです。

ニュートラルルーチンで身体からアプローチ

ルールを設けて感情をコントロールする方法は、続けていくことで必ず効果が出てきます。しかし、それがすぐにできれば苦労しない、という人もいるかもしれません。

そこで、ここでは別のアプローチもお伝えします。

それは、**感情の問題に対して身体からアプローチする**という方法です。

感情と身体は、非常に密接な関わりを持っています。ネガティブな感情に囚われていると体調を崩してしまうなど、感情が身体に影響を及ぼすことはすぐに想像できると思います。

これを逆に、身体の側から感情に働き掛けることで、感情をコントロールすることができます。

感情がコントロールできない、感情に振り回されてしまっていると気が付いたら、あらかじめ決めておいた要領で身体を動かします。私はこれを「ニュートラルルーチン」と呼んでいます。どんな出来事があったとしても自分を中立的（ニュートラル）な状態に戻すための手続き（ルーチン）です。

私の場合、ニュートラルルーチンは以下の四つの動きにしています。読者のみなさんも試してみてください。

一つ目に、**頭のてっぺんに紐が繋がっていて、その紐が上からすっと引き上げられるようにイメージ**します。すると、無理なく背筋が伸びます。ただ背筋を伸ばそうと意識すると、不要な力が入ってしまうので、上から吊るされているようにイメージするのがポイントです。

二つ目は、**肩をぐっと持ち上げて、ストンと元の位置に落とします。これを3回繰り返します**。意識的に肩の力を抜こうとしても緊張して力が入ってしまいますが、こうすることで自然に力が抜けます。

三つ目は深呼吸です。感情が乱れているときは、呼吸が浅くなっています。**無理の**

ない範囲でゆっくりと長めの深呼吸をします。

最後は**深呼吸を続けながら、「笑う」**です。声を出して笑うほどではなく、微笑むぐらいでかまいません。

文字で読むと面倒に感じるかもしれませんが、何度か繰り返せばすぐに慣れて、数秒でできるようになります。そのまま深呼吸を続けていれば、気持ちは落ち着き、身体はリラックスした状態になります。感情に対して中立な状態でいることを感じられると思います。

ただし、会社でミスをして上司に叱られているときに、肩の上下動を始めて笑っていたら、深刻な事態になるかもしれません。行う際にはＴＰＯに気をつけましょう。

感情を鎮めるためのルーチンとして、ほかの方法を勧める人もいますし、自分なりの方法をすでに持っている人もいると思います。お伝えした方法を試してみて、そこから自分のしっくりくる方法にアレンジしてください。

また、イメージやマントラ（決められた言葉）を用いて感情をリセットするノウハウもあります。それらを併用することも可能ですが、まずは身体から感情に働き掛ける方法を試してみてほしいと思います。

以上が、イニシアティブシンキングの基本3分野である「時間」「コミュニケーション」「感情」についての説明になります。次の章では、イニシアティブシンキングを効果的に実施するために、やっておくべきアクティビティ（目的を持った活動）についてお話しします。

第3章

自分を変えるアクティビティ

CHAPTER.03

01

自分を知らなければ理想の人生もわからない

自分は自分で探すもの

イニシアティブシンキングにより効力を持たせるため、大事なのは、自分を知ることです。第2章でお話しした、「時間」「コミュニケーション」「感情」の管理も、自分を知るためのアプローチという側面があります。

自分が何を望み、何を望まず、そしていま自分はどんな自分かを知る。それなくして理想の人生は見えてきません。当然、どんな事柄について影響力を持ち、自由になればいいのかも見えてきません。

・自分はいまどこにいるのか
・どこに行きたいのか

この二つの質問は、どちらも自分のことを深く理解しているかどうかが問われるものです。明確に答えることができれば、ビジネスでも恋愛でも、たいがいのことはうまくいくでしょう。

人生は、自分探しの旅と言えます。**何を成したかよりも、そのプロセスで自分をより深く理解していくことが本質**です。そして、旅は死ぬ瞬間までずっと続きます。

20世紀後半、バブル崩壊とそれに続く就職氷河期。失われた時代の閉塞感が「自分探し」のブームを生みました。

しかし、いま、この言葉にネガティブなイメージを持つ人も多いでしょう。2000年代にはすでに、自分探しを笑うような風潮が出来上がっていたように思います。ビジネスとして自分探しを提供する側と、本当の自分を知ることさえできれば人生は変化すると思い込んだ人々の、悲劇とも言えるやり取りが無数に繰り広げられた結果かもしれません。

本当の意味での、自分探しが必要です。そのためには、自分で自分を探すことが求められます。世の中には「本当のあなたを教えてあげます」というアプローチもたくさん存在します。あるいは、自分で自分がわからないから他人に意見を求めることもあるかもしれません。他人が本当の自分についての情報を与えてくれるのではないかという期待を持つ人は、少なからず存在します。

しかし、自分以外の他者に依存して、本当の自分という正解もどきをありがたく教えてもらう、こんなアプローチは最悪です。**他人から本当の自分についての100パーセント完全な情報を与えてもらえることなどありません。**自分探しは一生続き、少しずつ自分自分への理解を深めていくプロセスそのものが大切なのです。

8項目の「自問リスト」

第2章では、イニシアティブシンキングで働き掛ける基本3分野として、「時間」「コミュニケーション」「感情」を扱いました。これらは常に働き掛ける必要のある重要なリソースです。そのほかにも能力、健康、お金なども重要なリソースに数えられます。

しかし、**最大のリソースは自分自身であり、自分がいままで体験してきたこと**です。自分自身を知り、自分の体験を整理しておくことは、イニシアティブを効かせていくために欠かせないことです。

ここからは、その方法をお伝えしていきます。本当の自分に向き合うということは感情的に少し厳しい作業になるかもしれません。しかし、それは人生をより良くするためには避けられないプロセスであり、また、誰にとっても確実にポジティブな結果につながることを強調しておきたいと思います。

まず、自力で自分探しをするためには、こんな視点が必要です。

・どんなことやどんなときに感情が動くか
・「こうすべきだ」という正論をぶつけてしまうのはどんな人に対してか
・SNSでイラっとくるのはどんな人のどんな投稿か
・何にお金を使っているか

・何に時間を使っているか
・どんなことに感動するか
・どんなことに無理なく取り組むことができるか
・どんなことに我慢が必要か

以上8項目について、各々三つずつ書き出してみましょう。後日、見返すことができるように、ノートに書き出して日付も入れておくといいでしょう。

シンプルな内容ですが、いざ書き出そうとすると意外に手間取るのではないでしょうか。改めて自分自身について振り返ってみる機会がなければ、自分のことを知るのはなかなか難しいのです。

書く前には想像もしていなかったようなことが書かれているかもしれません。「自分はやっぱりそうなんだな」と再確認できるようなこともあるでしょう。紙に書き出すことで、自分はこんな人間なのだと客観的に把握できることが、この作業の目的です。

自分を知るための自問リスト

○○年○月●日

●どんなことやどんなときに感情が動くか
・
・
・

●正論をぶつけてしまうのはどんな人に対してか
・
・
・

●SNSでイラっとくるのはどんな人のどんな投稿か
・
・
・

●何にお金を使っているか
・
・
・

●何に時間を使っているか
・
・
・

●どんなことに感動するか
・
・
・

●どんなことに無理なく取り組むことができるか
・
・
・

●どんなことに我慢が必要か
・
・
・

欲望を100個書き出す

私が個別相談を受けた、あるクライアントの話です。

彼女は「自分が何をしたいのかがわからない」と言いました。そして「何がしたいかわからないが、何かで活躍しなければいけない」という強い焦りを持っていました。何か実現したいことがあって、そのためのアドバイスが欲しいからコンサルを受ける、というのであれば理解できます。しかし、自分の実現したいことすら見つかっていないのに、安いとは言えない金額を払ってまで、自分がしたいことを一緒に見つけてほしいというわけです。

これはどういうことかとも思いますが、同様に考える人は意外に多くいます。そうした人たちと出会うたびに、**人間は自分がやりたいことを正確に把握できない生き物**なのだと感じます。

こうした場合、相談者に紙を渡して、「あなたの欲望を100個書いてください」

とお願いします。いきなりのことで、なかなか作業が進まない場合はこちらからナビゲーションしていきます。

・明日から1カ月間、休暇が取れたらどうしますか？
・経済的な不安がまったくなかったら何がしたいですか？

するとどんどん書き出すスピードが上がっていきます。だいたい30項目くらい書いてもらったところで、「その内容を見せてもらえませんか」と声を掛けます。ただし、「見せなくても大丈夫です」ということも確認します。

反応は大きく2パターンです。明らかに困惑して見せるのを躊躇するか、平気で見せてくれるかです。その人の性格にもよりますが、自分探しという視点で考えると、前者のほうが深堀りしていきやすいと言えます。

この段階で書かれていることは、あまり重要ではありません。なぜなら、**多くの人は本音を書いていない**からです。「仕事で社会に貢献する」「家族を幸せにする」といったような、表面上だけの言葉です。

そこで、書いてほしいのはキレイな夢や目標ではないことを伝えます。**「とても人には見せられない」というくらいに生々しい欲望でなければ、意味がありません**。紙に書くだけです。法を犯すようなものは問題ですが、常識から外れたことでも、不道徳なことでも、書いてもらいます。

しばらく作業を進めてもらうと、相談者の目の色が変わってきます。「何をしたいかわからない」と話していたときとはまったく違います。人は自分のリアルな欲望を実感するとエネルギーが湧いてくるものです。自分の本来のパワーを取り戻す瞬間です。

欲望リストが完成したら、もう一度見直してもらい、「その100個のリストこそがありのままのあなたですよ」と伝えます。

個別相談を依頼してきた彼女のリストにはこんなことが書いてありました。

・どうしても○○のバッグが欲しい
・有名人と一緒に写真を撮って、SNSに投稿してみんなから称賛されたい

郵便はがき

料金受取人払郵便

日本橋局
承認

7004

差出有効期間
2021年9月
29日まで

切手をお貼りになる
必要はございません。

103-8790

953

中央区日本橋小伝馬町15-18
ユニゾ小伝馬町ビル9階
総合法令出版株式会社 行

本書のご購入、ご愛読ありがとうございました。
今後の出版企画の参考とさせていただきますので、ぜひご意見をお聞かせください。

フリガナ お名前	性別 男・女	年齢 歳
ご住所 〒 TEL （　　）		
ご職業 1.学生 2.会社員·公務員 3.会社·団体役員 4.教員 5.自営業 6.主婦 7.無職 8.その他（　　）		

メールアドレスを記載下さった方から、毎月5名様に書籍1冊プレゼント！

新刊やイベントの情報などをお知らせする場合に使用させていただきます。

※書籍プレゼントご希望の方は、下記にメールアドレスと希望ジャンルをご記入ください。書籍へのご応募は1度限り、発送にはお時間をいただく場合がございます。結果は発送をもってかえさせていただきます。

希望ジャンル：☐ 自己啓発　☐ ビジネス　☐ スピリチュアル

E-MAILアドレス　※携帯電話のメールアドレスには対応しておりません。

お買い求めいただいた本のタイトル

■お買い求めいただいた書店名

(　　　　　　　　　　)市区町村 (　　　　　　　　　　)書店

■この本を最初に何でお知りになりましたか

□ 書店で実物を見て　□ 雑誌で見て(雑誌名　　　　　　　　　　)
□ 新聞で見て(　　　　　　　新聞)　□ 家族や友人にすすめられて
総合法令出版の(□ HP、□ Facebook、□ twitter)を見て
□ その他(　　　　　　　　　　)

■お買い求めいただいた動機は何ですか(複数回答も可)

□ この著者の作品が好きだから　□ 興味のあるテーマだったから
□ タイトルに惹かれて　□ 表紙に惹かれて　□ 帯の文章に惹かれて
□ その他(　　　　　　　　　　)

■この本について感想をお聞かせください

(表紙・本文デザイン、タイトル、価格、内容など)

(掲載される場合のペンネーム：　　　　　　　　　　)

■最近、お読みになった本で面白かったものは何ですか?

■最近気になっているテーマ・著者、ご意見があればお書きください

ご協力ありがとうございました。いただいたご感想を匿名で広告等に掲載させていただくことがございます。匿名での使用も希望されない場合はチェックをお願いします□
いただいた情報を、上記の小社の目的以外に使用することはありません。

「エゴ丸出しですね」と本人は苦笑していましたが、そんなところから始めればいいのです。エゴを手なずけていくのが人生です。いままでは人の視線や評判を気にして、何か志の高い活動をして、その結果経済的にも豊かになって……といった、世間的に評判の良さそうなことを自分の希望と考えていた。しかしそれでは実感を持てない。だから、何をしたいのかわからなくなっていたのでしょう。

ありのままの自分を認め受け入れたとき、本来のパワーが解放されます。本気になり、自分の頭で考えるようになる。そうして他人の視線や評価から自由になれるのです。

02 自分の人生を整理しておく

エクセルで自分史を作る

新聞を読んでいると、よく自分史作成サービスの広告が掲載されています。自分史には、仕事を引退した人が晩年に作るもの、といった印象があるのではないでしょうか。しかし、イニシアティブシンキングを考える場合、**20代、いや10代からでも自分史を作り始めてほしい**と思います

先ほどもお話ししたように、自分が生きてきた人生こそが、最高に価値あるリソースです。**人生で経験してきたことを整理して活用できれば、人はパワフルになり、さらに能力を底上げできます。**

一般的な自分史では自分の人生を文章化しますが、ここではエクセルにまとめる方法を紹介します。

基本は1年ごとに区切り、西暦、年齢、その年に何をしていたかを記載します。さらに特記事項や旅行先などを併せてまとめておきます。

年表を作ったら、次は、世の中の出来事とリンクさせます。西暦ごとにその年の社会情勢や流行《はや》ったものなどを記入していきます。

自分史を振り返ってみると、いろいろと面白いことが出てきます。本書を執筆するに当たり、私も自分史を見直してみました。すると、1990年4月から1991年3月の欄が目に付きました。

当時、私は大学4年生で、教育学部で学んでいました。教育実習、就職活動、卒業論文となかなか忙しかったようです。そんな中、8月にイラクの政権を握っていたサダム・フセインがクウェートに侵攻し、占領しました。翌91年1月には、アメリカを筆頭にした多国籍軍がイラクへの空爆を開始して湾岸戦争が勃発《ぼっぱつ》しました。連日のように爆撃の様子がニュースに流れていて、すごい戦争が起こったなと感じていたことを思い出しました。

そうした世界の大きな動きがある一方、日本はいたって平和です。当時大きな話題になっていたのが「東京ラブストーリー」。織田裕二と鈴木保奈美が主演していたトレンディドラマの代表作です。最終回の視聴率は30パーセントを超える大ヒット。毎週、誰もが楽しみにしていました。

このドラマが始まったのは、湾岸戦争が始まったのと同じ91年1月です。中東では戦争が進展し、日本ではトレンディドラマが盛り上がる。そんな世界と日本とのギャップが表面化していたときに、私は大学生活最後の3カ月を過ごしていました。


このように、自分の年齢・トピックと世の中の出来事をひとまとめにしておくと、簡単に世の中の出来事を記憶できます。何かを考えるときもいちいち調べなくてもよくなります。

それに、**会話のネタにも役立ちます**。自分事で恐縮ながら、どんな大学生だったかを話すよりも、右のような話のほうが、聞いている人は面白いのではないでしょうか。

自分史のイメージ（実例より抜粋）

西暦	年齢	何をしていたか	社会情勢
1984	0	12月誕生	新紙幣発行、ロサンゼルス五輪
1985	0		男女雇用機会均等法成立、日本電信電話・日本たばこ民営化、日航ジャンボ機墜落、ゴルバチョフ書記長就任
1986	1		バブル景気、チェルノブイリ原発事故
1987	2		国鉄分割民営化・JR発足
1997	12	2月中学受験をする、3月小学校卒業、4月私立中に入学、演劇部に入る	消費税5%、神戸連続児童殺傷事件、金融危機、失楽園、たまごっち、ポケモン流行、ワンピース連載開始、香港返還、ダイアナ元英皇太子妃事故死、金正日総書記就任
1998	13	4月中学2年生、級長になる、6月父方祖父亡くなる	長野冬季五輪、テポドン発射、向井千秋さん2度目の宇宙へ
2003	18	1月母方祖父亡くなる、3月高校卒業、4月大学入学、授業にまじめに出席する、5月普通車免許取得、はじめて彼氏ができる、飲食店でアルバイトをする	「世界で一つだけの花」、六本木ヒルズオープン、SARS、「年収300万円」「バカの壁」
2007	22	3月大学卒業、4月会社に入社する、上京・一人暮らしをはじめる	PASMOサービス開始、ユーチューブ日本語版開始、米・サブプライム問題、ゴア・ノーベル平和賞
2009	24	2月転勤、4月会社員3年目、12月退職	初の裁判員裁判、民主党圧勝（鳩山内閣）、政権交代、AKB総選挙始まる、「草食男子」、「派遣切り」、「1Q84」、オバマ・ノーベル平和賞、新型インフルWHO緊急事態宣言
2016	31	新しい仕事の形を模索しはじめる。4月～バングラデシュでレザーグッズ制作、OEMでモノづくりをはじめる、9月地域活性プロジェクトの契約を終える。プライベートでは、春・夏頃にインド舞踊を習う	熊本地震、米大統領広島訪問、安倍首相真珠湾慰霊、相模原障碍者施設殺傷事件、ダッカ・レストラン襲撃テロ事件、マイナス金利、「保育園落ちた日本死ね」、「PPAP」、トランプ大統領当選、英国EU離脱決定、パナマ文書、リオデジャネイロ五輪
2017	32	6月バングラレザーでオリジナルグッズ作り完売させる、8月思考整理を教える、9月ブログをはじめる。11月TDRの年間パスを購入し、毎日通う実験を開始	森友・加計問題、「忖度」、「インスタ映え」、「フェイクニュース」、「〇〇ファースト」、韓国・文在寅政権発足、マレーシアにて金正男暗殺
2018	33	バングラデシュ出張・以後安全のために渡航をやめる、11月法政大学で講演。プライベートでは、6月父方祖母亡くす	オウム松本元死刑囚ら刑執行、カルロス・ゴーン逮捕、「そだねー」、「半端ないって」、米朝首脳会談

エクセルに限らず、整理の方法はいろいろあります。

ある知人は、パワーポイントに自分の人生をまとめていました。まるで本のように、章立てして記録します。プロジェクトがひと段落したり、あるライフイベントを達成したりすると、その章を終えます。「はい、人生の第5章が終了しました。これから第6章が始まります」といった具合です。

彼は全国の学校で保護者や学生向けに講演をしており、自分史をそのまま講演活動などのプレゼンテーションで使います。ストーリー仕立てにまとまった実体験が語られるので、聴衆にも受けが良いようです。

そうしたこともあってか、彼への講演依頼は途切れることがありません。自分の経験という最大のリソースを整理して活用している、ユニークな例です。

カテゴリーごとのランキングを決める

自分史を作るということは、時間軸で人生を整理していくということです。そこに**もう一つ別の軸を加えて整理すると、厚みが増してきます**。横糸と縦糸が組み合わされて布になるように、時間の横軸に縦軸を通していくようなイメージです。

具体的な方法としてお勧めなのは、**さまざまなカテゴリーごとに、自分の人生の中でのランキングをまとめていく**ことです。あまり複雑にする必要はなく、ベスト3くらいでいいと思います。

例えば食べ物です。みなさんは、「これまでの人生での食事ベスト3は？」と聞かれて、すぐに答えられるでしょうか。私は何人かに質問したことがありますが、すぐに答えられた人はいませんでした。

私の場合、第3位は溶ける湯豆腐、第2位は京都のお茶漬け、第1位は中華料理店のインド風カレーです。また自分のことで恐縮ですが、誰かからこのような話を聞いたら、なぜなのか気になるのではないでしょうか。それを説明していくことでも、相手の興味を引く会話のネタになります。

第3位は湯豆腐です。佐賀県の嬉野《うれしの》温泉にある旅館で食べました。

仲居さんに「煮立ったら、タレを付けて食べてくださいね。ぼーっとしていると豆腐が溶けてしまいますからね」と言われ、内心、豆腐が溶けるはずがないだろうと思いましたが、しばらくすると本当に溶け始めました。慌てて食べると、口当たりがとても良く、その味に感動しました。

第2位はお茶漬けです。8月の暑い日に京都の料理屋で食べました。

汗だくになりながら鞍馬山《くらまやま》に登り、貴船《きふね》神社側に下ると、ずらっと料理屋が並び、有名な川床《かわどこ》が広がっていました。そこで注文した鮎の甘露《かんろ》煮が乗ったお茶漬けがとてもおいしかった。暑い日に山越えをしたことや、川床の雰囲気などの影響もあるかもしれません。

第1位はインド風カレーです。社会人になったばかりのときに、出張先の新潟市のお店で食べました。

中華料理店なのに、誰もがカレーをおいしそうに食べています。同行していた先輩にならって私も食べたのですが、これがとても辛かった。しかしその辛さがクセになり、それから新潟に出張するたびにそのカレーを食べていました。

ランキング化するカテゴリーは、いろいろ考えられます。面白かった映画、ためになった本、驚いた体験や悔しくて泣けた体験でもいいし、大失恋ベスト3、恋人と過ごしたクリスマスのベスト3、というのも面白そうです。自分なりのランキングをまとめて、年表にどんどん縦軸を通していきましょう。トークにバリエーションが生まれ、人としての魅力が増してきます。

人生の時間軸という横糸に縦糸を通していく。それは人生を豊かに耕していくことだと言えます。当時味わった思いを追体験しながら自分を深く知ることができる。過去のつらい出来事さえも、時間が経ってから客観的に見返してみると、かけがえのないことだと思えてくるのではないでしょうか。

CHAPTER.03

03 死をアドバイザーにしてより良い決断をする

死は自分のすぐ左後ろにいる

1968年にアメリカで人類学者カルロス・カスタネダの本が出版されました。『呪術師と私―ドン・ファンの教え』から始まるシリーズ作で、彼がメキシコの砂漠に住む呪術師ドン・ファン・マトゥスに弟子入りし、砂漠で共同生活をした様子や、ドン・ファンから語られたことなどが描かれています。このシリーズはアメリカでベストセラーになり、社会現象を起こしました。日本でも翻訳出版されています。

ここでは自分をより知るための手掛かりとして、ドン・ファンが語った死について紹介します。

人は死を嫌い、できるだけ考えないようにしたいと思うものです。しかし、人間は生まれたら必ず死にます。生まれた瞬間から、死に向かって生きているようなものだと言えるのかもしれません。

ドン・ファンは死についてこのように語ります。

人が生まれたときから、死はすぐ側にいる。自分の左後ろ、手を伸ばせば届くような場所にいて、その人に寄り添い観察している。寿命が尽きるそのときまで。

ドン・ファンは、**死は生まれたときからずっと側にいて、嫌ったり遠ざけたりしようとしても意味がない**と語っています。逆に死を身近に感じたところで死期が早まるわけでもありません。

そして、死がすぐ近くで自分を観察していると実感できたら、人生の中に山ほどもある、取るに足らないことを躊躇なく切り捨てることができると説いています。人生の岐路に立ったときには必ず左後方で自分を見つめている死に語り掛け、質問し、決断する。**死をアドバイザーにすることで、より良い決断ができる**のです。

そしてそれ以上に、決断に強い覚悟が伴うようになります。行動のクオリティが上がることで、良い結果が出るようになります。

私はクライアントに頭の中を整理してもらう際、150歳まで生きるという仮定で、何をしていきたいかを考えてもらいます。すると、多くの人が「時間がないから」とあきらめていたことを思い出します。楽器を習うといったような、仕事と関係のない趣味に関することが多く挙がります。

そして、いまそのことにチャレンジできない理由は何か、少しずつでもいいので取り組むことはできないかを検討してもらいます。そこから人生が変化することもあるのです。

明日死ぬとして生き方を変えるか

以前、死からのアドバイスを実体験する出来事がありました。

健康診断を受けると大腸にポリープが見つかり、切除することになりました。小さなポリープで良性と診断されましたが、医師は念のためにと切除した細胞を病理検査しました。すると、ポリープにはわずかにガン細胞が含まれていました。つまり、私はガン患者だったのです。それが判明したことで医者から全身のガン検査を勧められ、もちろん検査しました。

幸いにも検査結果は良好で胸をなで下ろしましたが、結果が出るまでの1週間は、人生で初めて死がリアルなものとして存在する時間でした。いまの私の人生の背景には、常にこの1週間で感じたこと、考えたことがあります。

家族のこと、仕事のこと、さまざまなことが脳裏に浮かびました。「やり残したことはないか」と何度も自問自答しました。

いまこうして原稿を書いているわけですが、学生時代には友人とよく自分の本を出版することが夢だと語り合っていたことを思い出しました。コヴィー博士という世界的な著者と一緒に仕事をさせてもらう中で、いつしか自分自身が本を書こうという気持ちはなくなっていましたが、いざ死をリアルに感じたときの自分の魂の声は、「自分の本を出版したい」でした。

自分がいつ死ぬかは、誰にもわかりません。しかし、**死をアドバイザーとして、自分の死について考えることで、自分自身の内面を深く掘り下げ、再発見することができます。**

単純に言えば、明日死ぬとして、今日の生き方を変えるかどうかということです。

もし、生き方を変えないというのであれば、その人生は有意義で楽しくて、素敵なものでしょう。バタバタと生き方を変えるような人生は送りたくないものです。

CHAPTER.03

04

思考を変えれば人生が変わる

人生を構成する根本的要素とは

そもそも、「人生を変える」とはどういうことでしょうか。生活の中のどんなことを変えれば、人生そのものを変えていけるのでしょうか。

人生を構成する要素として、生きるための根本的な行為という視点で考えれば、睡眠や食事でしょう。これらをしないで生き続けることのできる人間はいません。次に考えられるのは呼吸です。数分間、呼吸できない状態に置かれると、人体に決定的なダメージを与えます。ヨガにも、呼吸を使って心身を改造するメソッドがあります。

ただ、もちろんこれらのアプローチで健康を維持するということは幸せな人生に不可欠ですが、それで人生が大きく変わることはないようです。

私はほかにも人の人生を構成する根本的な要素があるのではないかと考え、コヴィー博士に聞いたことがあります。博士は笑いながら自分の頭を指差しました。一瞬、何を示しているのかわかりませんでしたが、すぐに理解できました。

それは「思考」です。**思考を変えていくことができれば、あらゆる行動を変えることができる。その結果、人生を変えていくことができる**のです。

しかし、ここで大きな壁が立ちはだかります。それは、基本的に、**人は自分が何を思考しているのかわかっていない**という事実です。例えば、寝る前に今日一日何を考えていたのかと思い返しても、細かく思い出せる人は希《まれ》だと思います。

自分の思考を把握できないままでは、当然、自分のやりたいことやなりたい姿も見えてきません。私はコンサルティングなどで、「いま、何を考えているか教えてください」とよく聞きます。正しいアドバイスのためにということもありますが、その人自身に自分が考えていることを認識してもらうためです。

外部から「何を考えているのか」と問われて、初めて人は自分の思考に意識を向けます。思考には形がありません。意識しなければ、流れて消えていくだけのものなのです。

「思考整理のメソッド」で自己を把握する

それでは、思考を把握するためにはどうしたらいいのでしょうか。ここでは**「思考整理のメソッド」**を紹介します。

常にメモ帳を携帯し、実際に頭に浮かんだことを書いていきます。それだけでも効果はありますが、次にそれをエクセルに入力していきます。そのことで、客観的に自分を分析できるようになります。

具体的には、下記の通りです。

・まずは1日30項目を目安に、普段感じたことや考えたことをメモ帳に書き留める
（例：「○○をしたい」「○○をやめたい」「○○が嫌だ」「○○が楽しい」）
・メモした内容をエクセルに転記する
・その項目の中で、強く感じた、考えたものに赤色を付ける

・リストを1週間単位で見直し、繰り返し考えている項目に青色を付ける
・赤、青の項目の中で、実行に移せることがあれば試みる

この思考整理のプロセスを実践していくと、自分が何を考えているのか把握することができます。


人の自己認識には、必ずズレがあります。

私のクライアントにフルマラソンを完走することが夢だという女性がいました。フルマラソンともなると、トレーニングをしないでいきなりチャレンジするのは無謀です。彼女は仕事が忙しくトレーニングできないことを悩んでいました。

彼女には思考整理を実施してもらっていたのですが、「トレーニングをしなければ」という言葉とともに「映画を観に行きたい」「小説を読みたい」という項目も並んでいました。

こういう場合、まず映画や小説を楽しんでもらったほうが、状況が動きだす場合が多い。「フルマラソン完走」は夢とも言えるようなかっこいいものなので、どうして

もそこを自分の最優先事項に思いがちですが、彼女の本当の願いは、忙しい仕事の合間にも映画や小説を楽しみたいということかもしれません。

そうして彼女には仕事の合間に映画や小説を楽しんでもらうことにしました。すると不思議と彼女の動きに勢いが出てきて、ハーフマラソンを経由してフルマラソン完走の夢を叶えてしまいました。

思考整理を続けていくことで、自己認識のズレに気付き、修正することができるようになります。自分にとって「大切なこと」を正確に把握できるようになるのです。

以上、ここまでが「自分を知る」ためのアクティビティになります。

本章の冒頭でもお話ししましたが、自分を知らなければ人生にイニシアティブを効かせることはできません。**いまの現実と理想の人生とのギャップを埋めていくことが、イニシアティブシンキングの本質**だと言えます。そのことについては、第4章でさらに深くお話ししていきます。

05 情報密度を高める「クリエイティブサイクル」

「先行オーガナイザー」が将来に生きる

大学時代、私は、幸運にも多湖輝《たごあきら》先生から心理学を学ぶことができました。多湖先生は、シリーズ累計1000万部を超える『頭の体操』という本を生み出した方です。

あるとき、多湖先生に、将来ビジネスで成功するにはどうしたらいいかと質問すると、こう教えてくれました。

「ビジネスの世界では、たとえ100点でなかったとしても、毎瞬毎瞬、最適な解を出し続けることが大事だ。そのためには、常に能力的なゆとりが必要だよ」

ではどうしたらゆとりをつくり出せるのか。続けて聞くと、**できるだけ早い時期に「先行オーガナイザー」を蓄えておきなさい**ということでした。

「先行オーガナイザー」とは、学習者の学びや理解が進むように、事前に与えられる全体像（概略的な情報）のことです。ある分野に飛び込もうとするとき、あらかじめその分野の全体像を知っていれば、より効率的に成長していくことができます。

ビジネスをやるなら、先行オーガナイザーの蓄積が生きる。うまくいけば、まるで予習をして授業に臨むように活躍することができるだろう。だからこそ、できるだけ早い段階で、ビジネスについての先行オーガナイザーを頭の中に詰め込んだもの勝ちなのだということでした。

ただ、先行オーガナイザーを蓄積するといっても、未知の世界でどのような情報を得ればいいのかわかりません。そのことを多湖先生に質問すると、私がＩＴ系企業から内定をもらっていることを確認した上で「優秀なプログラマーやシステムエンジニアについて書かれた本をできるだけ多く読んでおきなさい」とアドバイスしてくれました。

そこで私は書店でアメリカの優秀なプログラマーたちについてまとめた本を購入し、

何度も読み込みました。これが後々、とても有効に働きました。仕事で触れる情報は同期たちにとっては初めて知る内容です。その中で私は、細かなところまで理解できてはいなくても、ある程度全体像が見えているために、理解が早い。私が有能だというわけではなく、**先行オーガナイザーを持つか持たないかで、身に付けられる能力や知識は劇的に変わる**のです。

社会に出る前にということだけではなく、どの段階からでも、先行オーガナイザーを得て行動するという視点を持つだけで、人よりも随分と有利になるはずです。

自分の活動領域を認識する

第1章で触れたように、情報処理体としての人間は、情報のインプットを行い、情報処理をし、何らかの形でアウトプットをする生き物です。

私は、この一連のサイクルを**「クリエイティブサイクル」**と呼んでいます。人間は、誰しもこのクリエイティブサイクルを回転させながら生きています。ある人は無造作に意味のないサイクルを回転させ、ある人は意識的に質の高いサイクルを高速に回転させています。

人間の頭の中には、情報の空間が広がっています。脳の容積に大きな個人差はありませんが、情報空間の広さには相当な差があります。そしてその中にある情報の密度にも、個人によって大きな違いがあります。情報空間の広さとは知識の幅広さ、密度とはその知識の量と言えるかもしれません。

クリエイティブサイクルを何度も回転させることで、情報密度が高くなります。私は、クリエイティブサイクルを回して情報密度を高めることと、先行オーガナイザーの蓄積には、密接な関係があると考えています。

情報密度が高い状態を言い換えれば、頭の中に莫大な先行オーガナイザー（情報の集まり）が蓄えられているということです。良質な先行オーガナイザーを多く持っていれば、それが結果に直結し、周囲に大きく差を付けることができます。

ただし、注意すべきことがあります。多湖先生からのアドバイスで、私がアメリカのプログラマーについての本を読んだという話をしましたが、これは後に私がＩＴ系企業でシステムエンジニアになったから、有効に作用したわけです。もし営業職に就いていたのなら、効果はあまりなかったでしょう。

以前、勤めていた会社で他部署の営業担当者が、結果の出ないことに悩んでいました。彼はまだ若く、誰もが通る道と言えるかもしれません。そのとき彼が読んでいたのが、ピーター・ドラッカーの『ネクスト・ソサエティ』。確かに名著ではありますが、彼が読むべきなのは、もっと初歩的な営業のノウハウが書かれた本であるはずです。

どれだけ情報密度を高めても、その内容が自分の活動領域とかけ離れていれば意味がありません。どの分野でどれだけ情報密度を高めていくべきなのかを正しく認識することも大切なのです。

情報密度は人によって異なる

成功のノウハウを実践してもうまくいかない人がいる理由の一つは、情報密度にあります。しかし情報空間そのものは透明で形もないため、情報密度の高さはわかりづらい。わかりづらいからこそ、恐ろしいことでもあります。

その分野での情報密度が高くなればなるほど、ノウハウをつくり上げやすくなります。つまり、自分のノウハウを教えるセミナー講師やコンサルタントは、相対的に自分よりも情報密度の低い人間に教えることになります。

そのため、彼らは学習者にわかりやすいように、ノウハウを細分化して組み立てます。しかし、両者の情報密度に圧倒的な差があると、どんなに丁寧に細かく噛み砕いたノウハウを使っても、学習者が結果を残すことは難しくなります。情報密度の差は、どんなに素晴らしいノウハウも空転させてしまう。これが、成功のノウハウが１００パーセントの再現率を保てない理由です。

これは、最新のオペレーティングシステム（ＯＳ）用に作られたソフトウェアが、古いＯＳ上では動かないことと似ています。最新のＯＳを搭載した情報密度の高い人間は、どんなソフトウェアでもインストール（設定）して、作動させることができます。

指導者と学習者の情報密度が近い場合は、大きな問題は起こりません。しかし、学習者の情報密度が指導者に比べて著しく低い場合、まるで古いＯＳで最新のソフトウェアをダウンロードしてしまったかのようになります。当然、スムーズに使いこなすことはできません。

ノウハウを知るステップは、ソフトウェアをダウンロードするステップに過ぎません。大事なのは、インストールして使いこなすこと。つまりノウハウを使って、結果に結び付けることです。

いまの世の中は、**情報密度の高い人間から発信されたノウハウが出回っています。そしてそれを情報密度に関係なく取り込もうとする人がたくさんいます。**

指導者の役割の一つは、学習者との情報密度の落差を認識し、学習者がノウハウをダウンロードしただけで終わっていないか、そうだとしたら、どうしたらインストールして使いこなせるようになるのか、知恵をしぼることです。

優秀な指導者たちはみんな、この課題に腐心していますが、ほとんどの指導者が情報密度の落差に気が付いていません。そのため情報密度が高い人にしかインストールできないノウハウを、情報密度が低い人にそのまま与えてしまいます。

もちろん、学習者も情報密度の差を埋める努力をすべきですが、このままだと時間やお金を無駄にし、迷走してしまいかねません。成功業界の闇の部分でもあります。

CHAPTER.03

06 良質なクリエイティブサイクルを何度も回せ

インプットの質は問わない

ここからは、情報密度を高める方法を考えていきます。

そのためには、「インプット→情報処理→アウトプット」という**クリエイティブサイクルを回転させればいい**のですが、そう言うと、多くの人は、インプットに囚われてしまいます。どんなインプットがいいか、どんなことを学べばいいか、秘密の情報源はどこにあるか、ということばかりを考えます。ここに注意が必要です。

情報密度を高めるためのクリエイティブサイクルとして、まずはインプットする情報の質は問いません。漫画でもテレビでも構いません。もしかしたら、世の中にはN

ＡＳＡ（アメリカ航空宇宙局）やペンタゴン（米国国防総省）が莫大な予算を使ってつくった、再現性１００パーセントの能力開発法が存在するのかもしれませんが、そのような情報にアクセスできれば苦労はありません。それができないから、私たちにはイニシアティブシンキングが必要なのです。

情報の質を求めるより、まずは情報処理の方法を覚えることが大事です。そうして正しい情報処理ができるようになれば、質の高いインプットが効果的に働くようになります。

正しい情報処理のポイントとなるのは、アウトプットを意識できる環境に自分を追い込むことです。人前で話す機会が多い仕事なら、それを意識して、常に話のネタをつくるつもりでインプットする。漫画、テレビのバラエティー番組やドラマ、映画、人との会話。**どんな情報もアウトプットを前提にインプットをすることで、情報処理の結果も変わってきます。**

アウトプットをする機会がないのなら、ブログでもメールマガジンでもいいので場をつくるようにしましょう。アウトプットをするという目的意識さえ持っていれば、どんなインプットであっても、クリエイティブサイクルが回るようになります。そうして情報密度が高まり、能力が底上げされるのです。

ドラマや映画を活用する

人にとって最も良いインプットとは、直接的な体験です。しかし限られた時間の中で体験できることは多くはありません。そこで、**映画や小説で疑似体験することを通してクリエイティブサイクルを回す方法**をお伝えします。

アメリカに「24－TWENTY FOUR－」というドラマがあります。製作の継続が難しいといわれているアメリカドラマの中でも、9作ものシリーズが続き、世界的に大ヒットした作品です。

人気の理由は、視聴者が次回も観たくなるような仕掛けがいくつも施されていることにあります。未解決のままの事件が数話先で明らかになったり、死んだと思った登場人物が再登場したり、次に何が起こるのか、目が離せなくなってしまいます。

それをただ楽しむのではなく、何を伏線にし、どのタイミングで視聴者をドラマの世界に引きずり込む仕掛けを施しているのか、という視点で繰り返しインプットしてみます。すると、ただ、作品を楽しんでいるときとは、まったく見方が変わってきます。

ほかにも、ドラマを観ていて気になる俳優がいたら、過去に出演した作品を観てみるといったこともいいでしょう。ある時点から演技が変わっていることに気が付いたりします。

演技が変わったタイミングで、彼にどんなことがあったのかを想像してみます。仕事上の転機になるようなことがあったのかもしれませんし、結婚したり、子どもが生まれたりしたのかもしれません。

同様に、大ヒット映画の脚本家のテイストはどうだろうか、大好きな小説家の作風はどうだろうか、と考えていくことができます。

また、映画や小説は、一つのストーリーを別の視点で何度も観ることでもクリエイティブサイクルを回すことができます。小説は、登場人物の1人に自分を重ねて読む人が多いと思います。一度読み終わってから、もう一度、今度は別の人物の目線で読み直してみます。同じ作品がいくつもの視点から見えるようになってきます。

良質な作品は、1回観て情報を得ただけで満足しているのではもったいない。同じ作品を違った視点で繰り返し読んだり、視聴したりすることで、クリエイティブサイクルをどんどん回転させてほしいと思います。

高い情報密度が起こした変化

かつて、私が働いていた会社では、『7つの習慣』という書籍とセミナーを扱っていました。法人向けのセールスとして入社することになったとき、1年で『7つの習慣』についての先行オーガナイザーをインプットし、巨大な情報空間をつくってしまおうと決めて、あることをしました。

『7つの習慣』という本の中には、さまざまなノウハウが書かれています。そのノウハウをキーワードにまとめて、カードに書き込みます。それをトランプのようにシャッフルして、そこから3枚のカードを抜きます。出てきた順にキーワードを使って、10分で話します。

キーワードはランダムに出てくるので、話の内容は毎回変わります。三つのキーワードで話せるようになったら、カードを5枚に増やしたり、話す時間を変えたりしていました。

次に、会社の経営課題や人材育成上の課題を記入したカードを作ります。例えば、「次世代リーダーの育成」や「部門間コミュニケーションの円滑化」などです。

そして、キーワードの束から3枚、経営課題の束から1枚引きます。出てきた経営課題を解決するように、三つのキーワードを使って話すわけです。

これを毎日延々と繰り返していました。周りの人にとっては、何をしているのかわかりません。みんな「あいつは遊んでいるのか」と怪訝《けげん》そうでした。口に出して嫌味を言う人もいました。

幸いなことに、私が入社したタイミングは、会社が大リストラを敢行した後だったため、リストラの心配はありませんでした。さらにラッキーなことに、当時は固定給だったので、成績が良かろうが悪かろうが給料には関係ありませんでした。ほかのメンバーが1日何件訪問したかを競っている中、社内でカードをシャッフルしてはブツブツ独り言のようにトークを繰り返していました。

案の定、営業成績が上がることはありませんでした。クライアント訪問の数は、ほかのメンバーの3分の1にも満たなかったので当たり前です。

もちろん、いつまでもそうしているわけにはいきません。そろそろ結果を出していかなければこの先が危ない、と感じ始めるようになった頃、変化が起こりました。

クライアントと話をすると、相手が何に悩んでいたとしても、『7つの習慣』を使った解決策がいくらでも浮かんでくるのです。そして、その中から目の前のクライアントが最も受け入れやすそうなストーリーを選択して話すと、勝手に売れるようになりました。

こうした変化は、『7つの習慣』についての巨大な情報空間が脳内に出来上がってきたことによるのだと思います。そのおかげで、あっという間にトップセールスになることができました。アメリカ本社のCEOから毎年表彰され、ついにはコヴィー博士と一緒に仕事をする機会に恵まれました。そうして直接さまざまな教えを受けることができたわけです。

自慢話のように聞こえてしまうかもしれませんが、**先行オーガナイザーを蓄積して情報密度を高めることで結果が出る**ということの事例として捉えてほしいと思います。

読者の方々が働く現場では、どのような方法があるでしょうか。

CHAPTER.03

07 「成功体験積み重ね」の習慣

人生を変えたことのある者の強さ

コンサルティングやセミナーを通して人を成功に導く中で、成果の出やすい人とそうでない人に出会います。そこで強く感じるのが、**過去に成功体験を持っている人は圧倒的に有利**だということです。自分の力で人生を変えたことのある人は、変化に対応できるたくましさや強さを持っています。

成功を求め、**ギリギリな状態に追い詰められたときに問われるのが、「自信」**です。成功体験を積み重ねてきた人は、自分を変えることができるという自信を持っています。どんな状況でも、なんとかなるだろうという信念で乗り越えていくことができます。反対に、自信のない人は、切迫した状況に追い込まれると、簡単にあきらめてしまいます。

では自信がない人は、いつ、どこで成功体験を得ることができるのでしょうか。「それはチャンス次第ではないか」と思われるかもしれません。目の前にチャレンジすべき課題が表れ、その壁が自分の能力で乗り越えることのできるギリギリの高さでなければいけない。簡単過ぎても成功体験とはならないし、失敗に終わっては意味がない。そういうことです。

しかし、**成功体験を得ることは難しいことではありません**。人生を変えるために必要な成功体験は、どんなに小さなことでもいい。言い換えれば、自分に小さな成功体験を与える意識が大切です。

例えば、私が本書を執筆するために設定した最も小さな成功体験は、起床後、書斎に入り、パソコンを立ち上げることです。書斎に入るまでにはいろいろな誘惑がありますす。テレビを見ようかな、と思う日だってあります。その誘惑に打ち勝ってパソコンを立ち上げることができたら、「よし、一つの成功体験だ」と自分を褒めます。実際に執筆できなくても、パソコンの電源を入れるだけで成功です。実に小さな成功体験です。

さらに原稿をまとめているフォルダをクリックし、昨日書いた原稿を開いたら、「よし、また成功体験を積んだぞ」と自分を褒めます。開いたファイルを見ながら、誤字脱字のチェックをし、流れが逸脱していないか、読んでくれる人にとってわかりやすい表現になっているかを確認します。

そうして「よし、この調子で今日の原稿用の新しいファイルを作り、タイトルを書こう」と自分を鼓舞《こぶ》します。これができたら、また、「おめでとう！」と自分を賞賛します。「1行書いてみよう」「よしオッケー」、「一つ読点を打つところまで書こう」「またオッケー」、「あと1節書いてみよう」「よし、いいぞ！」……。こういった**毎日の小さな成功体験の積み重ねこそが、自信につながります。**

自分との小さな約束を守る

小さな成功体験をどんどん積み、「自分はやれる」「人生を変えられる」という自信を育てていく。これは、自分との小さな約束を守り続けることだとも言えます。

本書の執筆中は、どんなにしんどいときでも1文を書くことを自分との約束にしてきました。嫌になったら1文でやめてもいいと思いながら、その小さな約束を守り続けることが、こうして形になり、読者の方々に届いていています。考えてみればすごいことです。

自分との小さな約束を守り続ければ、かならず自信が付いてきます。どんなことでもいい。朝決まった時間に起きることができた、寝る前に歯を磨くことができた。そんなことでも積み重なれば自信になります。規則正しい生活を貫くことができる人は、周囲から大いに尊敬されるでしょう。

その自信を拠り所に、先行オーガナイザーを蓄積し、良質なクリエイティブサイクルを何度も回す。巨大な情報空間がつくられ、情報密度は高まり続けていく。こうして確実に能力がバージョンアップされていきます。

本書ではここまでに、イニシアティブシンキングで働き掛けるべき分野、イニシアティブシンキングを効果的に実施するためのアクティビティについてお話ししてきました。続く最終章では、ここまでの考え方を生かして、**自分の人生を自分で決めてい**

く方法をお話しします。多くの人は、自分の理想といまの現実にギャップを感じています。そのギャップを見つけ、差を埋めていくことがカギになっていきます。

第4章

「純度の高い夢」を見る

CHAPTER.04

01 脳の中にある「不幸の種」

特に大きい親からの影響

人は自分で考えているようで、意外と自分の頭では考えていません。

教師や上司から「自分の頭で考えろ」と言われたことがある人もいるかもしれません。しかし、どのように自分の頭で考えればいいのか、きちんと指し示してくれる人はなかなかいないのではないでしょうか。そもそも、そう言っている人自身が自分の頭でちゃんと考えているかどうかも怪しいでしょう。

私は自分の頭で考えられない原因を、頭の中の**「不幸の種」**と呼んでいます。不幸の種は、ほとんどの人の頭の中に埋まっています。頭の中にはほかにもたくさんの種があり、その中には「幸福の種」もありますが、残念ながら、不幸の種と比べると圧倒的に少ないと言えます。

不幸の種とは、人が育つ過程の中で身に付ける考え方のことです。これが人生のいたるところで邪魔をしてきます。

特に、幼少期に親との関わり合いの中で埋められる種が大きく影響してきます。親は子どもを大事に思います。愛していれば愛しているほど、子どもがきちんと世の中にアジャストするために必要な考え方を詰め込もうとします。よりよく生きるために「こうすべきだ」「こうしたほうがいい」「こうしないと危険だ」と教えるわけです。

もちろん、その中には重要な教えもあります。例えば、「知らない人に誘われても付いていってはいけない」といったことは自分の身を守るために必要な考え方で、不幸の種ではありません。

不幸の種になりやすいのは、時代とともに変えなければならない考え方や生き方についての教えです。親と子ども、世代が違えば考え方も変えなければいけないからです。

よく「子どもに入社してほしい企業ランキング」といった記事があります。もちろん上位にランキングされているのは一流企業ばかりです。

こうした企業は、親世代にとっては、確かに将来性のある会社だったのかもしれません。しかし、子どもが入社する頃には、時代の流れに取り残されてしまった企業になっているということもあり得ます。

この例のように、時代が変わると、親の考える善し悪しと現実が根本的にずれていくことがよくあります。

また、**個性の問題もあります**。その人の人生観や教訓が、別の人間に当てはまるとは限りません。例えば親が外交的な性格の場合、「どんどん人と接して学んでいきなさい」と子どもに伝えるでしょう。しかし、子どもの性格が内向的であれば、親が良かれと思ってしたアドバイスがストレスのもとになってしまいます。もちろん親子なのである程度の個性や特性は引き継がれているかもしれませんが、まったく同じ人間ではありません。

学生の間は、学校という制限された場所で過ごし、自己決定が必要なことは多くありません。そのため不幸の種が大きく影響してくることは少ないと言えます。ところが、社会に出ると突然、さまざまな可能性に晒されるようになります。そのときに、自分で考えているように見えても、**主に親から植え付けられた価値観による選択を繰り返し、自分の考え方が左右されてしまうことがある**のです。

「不幸の種」が人生を左右する

不幸の種によって人生を左右されてしまった、あるクライアントの例です。

彼女は活動の拠点を海外に持ち、頻繁に海外に行っていました。仕事に不満はないけれど、そうした仕事を理解してくれる男性を見つけることがなかなかできませんでした。自分は結婚できるのだろうかと、ずっと不安に思っていました。

しかし、ある男性が彼女の生き方を見て「応援する」と言ってくれました。2人は将来結婚することを約束し、同棲を始めました。

男性は普通のサラリーマンで、海外との接点は特にありませんでした。彼女が本当にこのまま海外の仕事を続けていいのかと確認すると、彼は、「君の生き方を最大限尊重して、応援するから大丈夫だ」と言ってくれました。彼女は、自分の生き方を受け入れてくれる男性との出会いに感謝し、幸せでした。そうして2人は、結婚に向かって日々を楽しく過ごしていました。

ところがある日、彼女が翌週から仕事で10日間海外に行くことを伝えると、彼に「僕たち結婚するんだよね」と言われました。言葉の意味を理解できずに動揺していた。る彼女に、彼は続けて言いました。

「僕は日本で毎日、会社勤めをしている。僕たちは結婚する。そうなったら、僕の面倒を誰が見るのか」

当然、「私の生き方を尊重する、仕事を応援するよと言ってくれたよね」と言い争いになりました。結果、2人は破局してしまいました。

問題が、単純に理想の結婚生活、理想の夫婦像の違いにあるのではないということがわかると思います。

男性の彼女を応援したい気持ちに嘘はなかったでしょう。しかし、彼には結婚したら女性は男性を支えるものだという意識が強くあり、それが彼女への思いを上回りました。年齢層が若くなるにつれて、このような感覚は薄れていくように思われますが、彼のような考えはいまだに根強く残っているようです。

人は自分の両親の関係性を見て育っています。父親が仕事を頑張り、母親がそれを支える、という関係性を見るたび、それが良い夫婦の姿なのだ、と自分の頭の中で繰り返し思考されます。そしてそのことが不幸の種として頭の中に埋まっていくのです。いざ結婚というときになって、彼の中の理想の夫婦像という不幸の種が邪魔をした。自分のことを誰が支えてくれるのかという感情が、強く内側から湧いてきたのだと思います。

不幸の種の厄介さは、それがいつの間にか埋まっていたもので、いまの自分自身で考えたものではないという点にあります。彼が結婚に対する価値観を持っておらず、彼女との結婚を意識してから「夫婦はどうあるべきか」を考えたのであれば、こんなことにはならなかったでしょう。

ちなみに、彼女は現在はやりたいことを見つけて楽しく過ごしています。

02 無数の「脳内プログラム」が足を引っ張る

「自分はダメなやつだ」というアウトプット

人の頭の中には、自分で意識できていない種がたくさん埋まっています。その種について、もう少し説明します。

繰り返しになりますが、人間は、「インプット→情報処理→アウトプット」を回転させている情報処理体です。この一連の回転をクリエイティブサイクルと呼び、それを高速で回転させると情報密度が高くなります。

「インプット」という言葉を聞くと、英単語を覚える、歴史の史実を暗記するなど、知識を詰め込む学習を考える人が多いのではないでしょうか。ここでは、もう少し広い範囲のことを考えます。

クリエイティブサイクルは、学習などの知識を身に付けることだけではありません。**他者から言われたこと、体験したことなど、すべてがインプットであり、それを情報処理、アウトプットして結論付ける、ということがクリエイティブサイクル**です。

何かにチャレンジしたという体験もインプットであり、**失敗した場合に、その体験が自分の中で情報処理されて、「自分はダメなやつだ」とアウトプットしてしまう**こともあります。すると、自分は何かにチャレンジすると失敗するダメなやつだ、能力のない人間だ、というプログラムが生み出されて自分の中に残ってしまいます。

例えば、子どもの頃に兄弟でお菓子の取り合いになって、自分がお菓子をもらえなかった。あるいは、仲が良いと思っていた友達の誕生日会に招かれなかった。それをインプットと考えたとき、自分の頭の中で「ああそうだ、自分はお菓子をもらえる人間ではない」「誕生日会に招かれるような人間ではない」という情報処理がされ、「自分には価値がないからだ」というアウトプットをしてしまいます。すると、「自分には価値がない」というプログラムが意識の中に沈んでいきます。

私は、このようにしてつくられたプログラムのことを**「脳内プログラム」**と呼んでいます。良い方向に働くプログラムもありますが、**ネガティブに影響するものもあります**。前者は問題ありませんが、後者は危険です。ここではその危険性についてお話しします。

なぜブラック企業を辞められないのか

脳内プログラムは意識の深くに沈んでいるため、通常、**自分自身もどんなプログラムが動いているのかを意識できていません**。しかし、そのプログラムは、ずっと動き続けています。

幼少期から繰り返しチャレンジに失敗し、自分には能力がないという無能力感を意識の深い部分に沈めてしまった人は、成人した後もチャレンジすることを怖がります。チャレンジする機会があってもやらずに逃げる、もしくはやらない理由を上手に見つけて逃げる、という生き方を選択し続けてしまうのです。

無価値観を自分の意識の奥底に埋め込んでしまった人は、属している職場やコミュニティにおいて、雑な扱いをされても仕方がないと感じます。自分には価値がないからだと考え、不当な状況を受け入れてしまうのです。

ブラック企業に勤め、心身に重大なトラブルを抱えるまで働き続ける人がいます。その中には、**無能力感や無価値観が相互に影響を及ぼす**ことで、その企業を辞めてしまったら自分は生きていくことができないと信じている人がいます。無能力な自分は何もできない。チャレンジしても無駄。価値がないのだから不当な扱いを受けるのが当然。それでもそのまま働き続けなければいけないと思ってしまうのです。

反対に、そうした負の脳内プログラムを持っていない人は、トラブルを抱える人に対して、「会社を辞めればいいだけではないのか」と簡単に言えてしまいます。

このように、クリエイティブサイクルは知識的な学習のことだけではありません。生きる中で起こるさまざまな経験や体験、すべてがインプットであり、そのインプットから情報処理・アウトプットしたものが脳内プログラムとなり、意識の底に沈んでいくのです。

脳内プログラムの絶大な影響力

脳内プログラムは、個人の頭の中に千や万の単位で存在しています。その大半は、無自覚な脳内プログラムです。完全にすべてが無自覚であるわけではありませんが、ほとんどが意識できないままになっています。

私はこの自覚ができていない脳内プログラムの集合体を、心理学上の定義とは別に**「無意識」**と呼んでいます。**人生とは、無数の脳内プログラムがおのおの動き、また、相互に作用を及ぼした結果が紡がれたもの**です。脳の中で、無意識下にとてつもない数の情報処理が行われることで、自分の人生がつくられています。

19世紀のアメリカで始まった「ニューソート主義」といわれる潮流があります。提唱者には、成功法則やポジティブシンキングを唱えたジョセフ・マーフィー、『思考は現実化する』の著者であるナポレオン・ヒル、『原因と結果の法則』の著者であるジェームズ・アレンなどがいますが、彼らの考えの柱は、「思考の現実化」です。

最近は、ニューソート主義の流れと同じことが「引き寄せの法則」などと名前を変えて知れ渡っています。これは、「願えば叶う」といった形のポジティブシンキングの一種と言えると思います。アメリカで出版された『ザ・シークレット』（ロンダ・バーン著）の影響もあって、一気に世界に広がりました。しかしいくらその教えに従っても、まったく考えたことが実現しないという人が多いのも事実です。

「願えば叶う」がうまくいかない理由は、圧倒的な数の無自覚な脳内プログラムが動いているからです。

現在の科学では、この無自覚な脳内プログラムの数を把握することすらできません。また、しっかりと自分で掌握できる意識と無意識のパワーの差を比較することもできません。無意識の力はとても大きく、万単位で脳内プログラムが相互作用を及ぼしています。その影響力は絶大です。意識できる範囲内で、「こうだったらいいな」というくら願ったところで、実現はしません。

特に、二つの特徴を持ったクリエイティブサイクルが大きく影響します。

一つは何度も繰り返し回転を重ねたもの。ここまでの例で言えば、両親の姿を見て

「夫婦」の形を刷り込まれることや、親の価値観を教え込まれることです。

そうして**もう一つが、強い感情が伴うクリエイティブサイクル**です。例えば受験や部活動の大会、恋愛。重要なイベントでの成功や失敗など、自分自身の評価が大きく上下することです。

こうした脳内プログラムは、通常の脳内プログラムよりさらに意識の深い部分に沈み込み、**人生を左右するほどに大きく働きます。**何度もチャレンジに失敗し、そのたびに自分の無価値観を感じるというのは、この両方の特徴を持った危険な脳内プログラムの典型です。

「思考が現実化する」の思考とは、自分の中に存在している、ありとあらゆる脳内プログラムの相互作用を指しています。それによって世界や人生がつくられているということです。このことを理解しないと、本質を掴めないまま引き寄せの法則に取り組むことになってしまいます。

CHAPTER.04

03

「脳内プログラム」に働き掛ける方法

「脳内プログラム」はコントロールできない

頭の中で無数の脳内プログラムが動いていて、その相互作用によって現実がつくられている。この相互作用こそが頭の中の「種」です。そして多くの場合、ネガティブに働く「不幸の種」になります。それならば、その不幸の種を構成する脳内プログラムをコントロールできればいいと考えることができます。

しかし、残念ながら**脳内プログラムをコントロールすることは難しく、ほとんどできません。**

これは気象に似ています。日々の天気は予測できます。世界全体の気候変動についても、起こっていることの傾向はわかりますし、そのメカニズムもわかっています。例えば、太平洋赤道域の日付変更線付近から南米沿岸にかけて、海面水温が平年より高くなり、それがおよそ1年続くことをエルニーニョ現象といいます。反対に、海面水温が低い状態が続くことを、ラニーニャ現象といいます。この二つの現象は、数年ごとに繰り返し発生することがわかっています。

そんな遠くで発生している現象が、巡り巡って日本の気候に影響を及ぼします。そして、その他の膨大な要因が影響を及ぼし合って、ある日ある場所の天気が定まるわけです。こうしたメカニズムがわかっているからこそ、天気を予測することや、雪のできる原理を利用して、人工雪をスキー場で降らせることができるわけです。

しかし、天候のメカニズムがわかっているからといって、それを変えることはできません。日本を避けるように台風の進路をコントロールする方法は、いまのところ存在しないのです。

同じように、脳内プログラムと人生の関係性がわかっていても、それをコントロールすることはできません。今後ＡＩがより進化し、人間の脳内プログラムとその相互作用を読み解いて、そこに働き掛けるような技術が生まれる可能性はあります。しかし、21世紀初頭に生きている私たちがその技術の恩恵を受けることは難しいでしょう。

二つの「秘密の質問」

では、脳内プログラムに働き掛けていくための拠り所がまったくないのかというとそうではありません。

脳内プログラムとその相互作用である不幸の種を、生み出された現実側から読み解くことができるのです。現在、自分自身を取り巻いている現実を観察することで、自分の中にはどのような脳内プログラムがあり、どのように相互作用しているからこの現実がつくられているのかが、わかるということです。

現実は、脳内プログラムの相互作用によって生み出されている。「引き寄せの法則」では、このことを「現実はあなたがつくっている」と表現します。しかしその捉え方だけでは十分ではありません。

ここで話を理解しやすくするために、「現実」とは別に「現状」という言葉を使います。現状とは、自分がいまこの瞬間に置かれている状況です。

「自分は満たされている」というアファメーション（自分自身に対する肯定的な宣言）を勧めたり実践したりしている人もいますが、本来、人が満たされるということはありません。他者からどんなにうらやまれるような現状にいる人も、もっとこうだったらいいのに、という「理想」を必ず持っています。

この、理想と現状のギャップをつくり出しているのが、不幸の種です。つまり、その影響力を弱めることで、理想と現状のギャップを埋めていくことができる。そう理解すると、無数の脳内プログラムにイニシアティブを効かせる拠り所が生まれます。

脳内プログラムにイニシアティブを効かせる具体的な方法は、自問です。

「いま、理想と現状のギャップを生み出しているのは、どんな脳内プログラムだろう」という「秘密の質問」を自分に投げ掛けます。

理想と現状にはどのようなギャップがあるかを把握し、自分の過去を思い返したとき、そのギャップを生み出す原因が思い当たれば、それがネガティブに働いている脳内プログラムです。

しかし、それだけでは答えが出ないことがほとんどです。そもそも無意識の中に隠れているものを引きずり出そうとしているわけですから、簡単にはいきません。

そこで、もう一つの「秘密の質問」をします。

「理想と現状のギャップによって自分はどんな恩恵を受けているだろうか」

理想と現状のギャップは多くの場合ネガティブなものです。そこから恩恵を受けることなどあるのかと感じるかもしれません。しかし、ギャップは必然の結果として自分の人生に表れています。そのことにより、必ず自分は何らかの恩恵を受けています。

この2つの質問を繰り返すことで、少しずつギャップを生み出している脳内プログラムが見えてきます。

一例を通して説明します。

自分の理想に反して、病気が続いている。普通に考えれば病気に良いことなどないわけですが、もう一段階、思考を深くします。

すると、自分が病気になることで、周囲の人がいたわってくれる、心配してくれる、という恩恵を受けていることに気付きます。そこには、過去のどこかで根付いた自分への無価値観があります。

意識的に、大人になってもそんなことを望んでいる人は少ないでしょう。いまとなってはどうでもいいことだと思えます。しかし、意識の奥底にある脳内プログラムは、顕在的な意思とは無関係に働きます。そして自分でそれに気付かない限り、誰も取り除いてはくれないのです。

無意識に自分をヒーローに当てはめていた

2つの「秘密の質問」により、理想と現状のギャップを生み出している脳内プログラムに気が付くと、それだけで人生に変化が生じます。

ここでは、私の例を紹介します。

会社に所属してセールスをしていたときのことです。当時は、四半期ごとに目標が決められ、達成するかどうかが問われていました。

この頃、私の成績にはおかしな癖がありました。結果的に目標は達成するのですが、**目標達成するかしないか、毎回、最後の週までわかりませんでした。**当然経営陣は不安になります。後に、私自身が事業を統括する立場になって実感しましたが、最終週まで目標達成できるかどうかわからない状態というのは、とても嫌なものです。当時の経営幹部には、本当に申し訳ないことをしたといまでも反省しています。

とはいえ結果として目標は達成し続けていたので、周囲は、わざと最終週まで達成しないようにしていると考えたのかもしれません。あるとき、しびれを切らした社長に、「君ならもっとうまくやれるはずだ。最終週よりも早いタイミングで目標達成を確実にしてもらえなければ困る」と言われました。

もちろん、私にはわざと目標を達成しないという意識などありませんでした。さっさと目標達成して、気楽に残りの期間を過ごしたいと考えていました。それでも3カ月ごとにヒヤヒヤしていたのです。

そこで、この状況には脳内プログラムが関係しているのかもしれないと考えました。そして、それはいったい何だろう、このギャップに自分はどんな恩恵を受けているのだろうと自問しました。

そうしてしばらく考えていると、あっと気が付くことがありました。

トム・クルーズ主演の『トップガン』という映画があります。

主人公は、才能にあふれた米軍パイロットのマーヴェリック。彼は、トップガン（アメリカのエリート航空戦訓練学校）で、エリートパイロットとして空中戦技を磨いていました。

しかし訓練中、マーヴェリックが操縦する戦闘機が乱気流で操縦不能になり、相棒であり親友であったグースを死なせてしまいます。マーヴェリックは、攻撃的で優秀なパイロットでしたが、この事故によって自信喪失してしまいます。恋愛もうまくいかず、パイロットとしての進路も絶たれようとしていました。

そうしてトップガンを卒業する日になりました。彼が卒業パーティーに出席していると軍事的な緊急事態が発生し、トップガンのメンバーはインド洋に派遣されることになりました。

ほかのメンバーは次々と迫ってくる敵機に向かって出撃していくのですが、マーヴェリックは隊長命令で戦闘に参加できません。しかし、アメリカ軍が劣勢となる中で出撃を余儀なくされ、最後の最後に敵を撃退し、アメリカ軍を勝利に導きます。

私は学生だった頃に上映されたこの映画に魅了され、ビデオ化されてからも何十回と観てきました。勝負の結末がギリギリまでわからない。最後の最後に逆転し、みんなに賞賛される。そんなストーリーが大好きでした。

そのことを思い出したとき、私はこの**トップガンに、自分を当てはめていることに気が付きました。**マーヴェリックのように、最後に大逆転する感動を味わうため、毎回、四半期の最終週で目標達成をしていたのです。それも無意識にです。

今回は目標達成できないのではないか、というギリギリのところで目標を達成すると、周りに賞賛されます。私をたしなめた経営幹部も、「君はやってくれるだろうと思っていたよ」などと褒めてくれます。

このことに気付いた私は、「この映画は十分に楽しんだし、職場での最後の逆転劇の快感もたっぷり味わった」と自分自身に言い聞かせました。すると次の四半期から最初の月に目標達成できるようになりました。

気付くだけで人生が変わり始める

私の経験は、**理想と現状のギャップを生み出している脳内プログラムが特定されたことにより、現状が一変した**一例だと思います。改めて、そのギャップを何が生み出しているかと自分に問い掛けなければ、気が付くことはなかったでしょうし、意識をすることもありませんでした。

もちろん、二つの質問をしたからといってすぐに答えは見つかりません。普段の生活の中で時間を決めて、しばらく繰り返してみてください。瞑想のように、リラックスしながら行える状況がお勧めです。

どちらか一方だけを考えるのではなく、両方を何度も繰り返します。そうすることで、突然、理想と現状のギャップを生み出している脳内プログラムに気付くときがやって来ます。お風呂に入っているとき、道を歩いているとき、会議中、人によりさまざまです。

その脳内プログラムを掴んだら、自分の人生のいつ頃どのように自分の意識の奥に沈んでいったのかを考えていきます。

このプロセスを経ることで、必要のない脳内プログラムは力を失い、私たちの人生は解放されていきます。一つでも二つでも、**ギャップを生み出す脳内プログラムに気が付くことが人生に変化を生み出すことになります。**

クライアントの方々とのセッションでも、理想と現状のギャップを埋める質問をして、脳内プログラムが特定されたことで、その人の人生が大きく変わっていく瞬間を何度も目撃しました。気付くだけで人生が変わり始めるのです。

CHAPTER.04

04

理想と現状のギャップを把握する

「思考整理のメソッド」でギャップが見える

私たちに必要なのは、理想と現状の差を正確に把握することです。本書でイニシアティブシンキングを培うために行ってきたことは、ここに集約されます。

しかし、この理想と現状を捉えるということは、とても困難です。脳内プログラムに働き掛けても、なかなかリアルには掴めません。

そのために、ノートを広げて、「こうなりたい」「ああなりたい」といったことを書くように勧めている本やセミナーがあります。しかし、なりたい姿が整理されてパッと出てくる人間は、もうすでに成功しているはずです。

ほとんどの人は、こうなりたいという姿や、いま自分が置かれている状況を正しく認知できていません。できるようになるまでには、ある程度の時間を要します。しかも、ただ時間をかければいいというものではなく、一瞬一瞬、自分が何を考えているのか、きちんと追い掛けてこそ、初めてわかるものです。

第3章ですでにお話しましたが、ここで再び「思考整理のメソッド」について触れます。頭に浮かんだことをメモ帳に書き、それをエクセルで整理していくことで、客観的に自分を分析できるようになる方法です。

この思考整理は、クライアントとのセッションにおけるプロセスからつくられたノウハウです。クライアントは自分自身のことがわかっておらず、当然、現状も把握できていません。どうなりたいということも深く考えていません。考えているとは言うものの、それは不幸の種がもとになって、ただ妄想しているだけのことが多い。そこで、はっきりと自分自身を見つめてもらうためにつくり上げました。

思考整理を一定期間続けていれば、自分が何を考え、何に強く反応しているのかがだんだん見えてきます。ここまでして、やっと理想と現状のギャップが見えてくるようになります。ここでギャップを生み出している脳内プログラムに気付く人も多くいます。

「書かないこと」にヒントがある

私がクライアントの方々に思考整理を実践してもらうときは、ある期間メモをして、それをまとめたものを見せてもらうようにしています。すると、必ずそこには、本人が書くのを避けていることがあります。人は自分が見たくないこと、直面したくないこと、向き合いたくないことを、ないものとして考える傾向があるのです。

クライアントの状況を私が客観的に整理していくと、「このことが書かれていないとおかしい」という盲点が見つかります。そこでその点に関する質問をしてゆさぶりをかけます。クライアントはそのことによって、やっと避けていたことに目を向けられるようになり、向き合わざるを得なくなります。

よくある例として、世の中の役に立つようなことで起業して豊かになりたいと言っている人のメモが、「今日はおいしい肉が食べたい」だったりします。起業に関することは書かれていません。翌日のメモも同様です。だったら、おいしい肉を食べればいいわけです。しかし、そういう人に限って、「何度も肉を食べたいと書いているけれど、食べていますか」と聞くと、「食べていない」と答えます。

起業に至るまでのプロセスは大変なことの連続です。それを書くことを避け、身近な欲望を書き、しかし起業に役立つことではないからと、その欲望を我慢しているのです。

第3章で触れた、フルマラソン完走を目指した女性のように、**まず身近な欲望を満たすことで、その先が見えてきます。**ビジネスのことを考え世の中の役に立ち、豊かになっていくことも大事ですが、いまできる範囲でできることをやることも非常に大事です。何度も書いているにもかかわらず、自分の内面からの声を無視し続けていれば、その先には進めません。

自分で自分にゆさぶりをかける

思考整理を習慣化できると、自分の真の姿が見えてきます。自分がいま本当に望んでいることというのは、意外と些細《ささい》なことだったりします。

しかし前述の通り、元々このノウハウは、クライアントとのセッションの中でつくられたものです。私のようなコンサルタント、つまり**思考整理を客観的に指摘する第三者がいるからこそ、成立する**という部分があります。

この本を読んでいるみなさんには、適切にゆさぶりをかけてくれる人がいないかもしれません。そこで、その役回りを自分で代替する方法を紹介します。

思考整理をしていても、メモへの記入を避けていることがあるはずです。自分の思考をメモするといっても、人の思考は常に多面的に動いています。すべてを書き出すことはできません。

そのため、思考整理を始めると、ほとんどの人は、「こういう内容はメモするけれど、こっちはメモしない」と自分なりのルールを決めていきます。家族のことは書かない、男女関係のことは書かない、お金に関わることは書かない。仕事のパフォーマンスを上げたいのに仕事のことはメモしない、という矛盾したルールを無意識のうちに決めてしまう人もいます。

多くの場合、この**「自分が書いていないこと」に盲点を見つけ出すヒントが隠されています。**例えば、独身でビジネスに関することばかり書いている人が、家族について書いていないことに気付き、改めて書き出したとします。するとそれまで考えてもいなかったのに、自分は結婚を望んでいたのだと気付いたりします。

そうして理想と現状のギャップを見つけたら、そのギャップを生み出している脳内プログラムを特定していきます。このように自分と向き合うことで、だんだんとギャップを埋めていくことができるのです。

05 人生を変えるためには「行動」が必要

考えているだけでは結果は出ない

脳内プログラムに働き掛けて、理想と現状のギャップを考える。それだけで、本当にギャップが埋まるのかと思われるかもしれません。つまりは、「行動」が伴う必要はないのかということです。

特に「引き寄せの法則」がブームを迎えてから、本を読んで実践してみたものの、望んだ状況をまったく引き寄せられないという悩みを持つ人が多いようです。その反動で、現在の日本の成功業界、自己啓発業界は、行動至上主義になりました。行動しない限り現状は変わらない、どう行動していくのかがポイントだと言われています。

確かにその通りで、**人が何らかの結果を得るためには、最後には行動が伴う必要があります**。誰もいない部屋で瞑想して、メモをして脳内プログラムに働き掛ける。これだけで、目の前にお金が出現したり、理想の異性が訪ねてきたりすることはありません。最後は必ず何らかの行動によって現象が発生します。

目標達成型のノウハウでも同じです。目標を立て、細分化して、アクションアイテムに落とし込み、行動する。その行動によって人生が変わります。しかし行動を続けるためには、非常に強い意志が必要です。そして、ほとんどの人は立てた目標を途中であきらめてしまいます。

引き寄せの法則でうまくいかず、反動で行動至上主義に走る。しかし、行動を続けるだけの強い意志があるわけでもないので、また引き寄せの法則に戻っていく。自己啓発業界においての流行り廃《すた》りというのは、この両極を行き来することで成り立っています。純粋に自分の人生を変えたいと思っている人間にとっては、やらなければいけないことがころころ変わってしまうわけです。

なぜ行動を続けられないのか

なぜ、結果を出すための行動が続けられないのでしょうか。

それは、**人が変化を嫌う生き物だから**です。太古の昔から、動物にとって自分を取り巻く状況が変化することは、「命が危ない」「自分の身に危険が生じる」というサインでした。そのため、人類はできるだけ変化を避け、危険から遠ざかろうとしてきました。

現在の日本では、よほどの事故や事件に遭遇しない限り、身の安全は保障されています。しかし、意識の深い部分に変化を阻止する脳内プログラムが存在しています。刺激に対して無意識に同じ反応を繰り返すという行為は、人が明日も同じように生きられるようにやってきたことであり、非常に重要です。これは人類共通の脳内プログラムです。長い歴史の中で培われ、脳の最も奥の部分で強力に動いています。とにかく変化から遠ざかろうということは、人の習性になっているのです。

イニシアティブシンキングで理想と現状のギャップを埋めていこうとする場合、このプログラムが悪い方向に働きます。**時間の使い方を変えたり、刺激に対する反応を選択したりするようになると、変化を阻止するプログラムが動きだします。**新しい行動をやらない理由を見つけてきて、モチベーションを根こそぎ奪っていきます。人生を変化させる新しい取り組みを阻止するべく、さまざまな思いや感情としてネガティブに湧き上がってくるのです。

そこをコントロールできるようにならなければ、すべては元に戻ってしまいます。つまり、いままでと変わらない人生を送ることになるのです。

CHAPTER.04

06

行動は「変える」のではなく「変わってしまう」もの

ユヌス氏に聞いた「アクトファースト」

では、どうすれば行動できるようになるのか、変化を受け入れられるようになるのか。

世の中には行動を促すためのノウハウもたくさんあります。しかし私は、この「自分を行動させよう」という考え方自体が間違っているのかもしれないと思っています。

以前、バングラデシュ出身のノーベル平和賞受賞者であるムハマド・ユヌス氏に会ったことがあります。

ユヌス氏は、バングラデシュの貧困層の女性にフォーカスして、少額の起業のための融資を行いました。そして、女性が経済的に自立していくことで、女性とその家族たちの生活をより良い方向に改善していくことをサポートするグラミン銀行を設立しました。その業績が認められ、2006年にノーベル平和賞を受賞したのです。

彼は何度か日本でも講演をしていて、ある年、縁あって彼の行うセッションのファシリテーター役を務めることになりました。

そのとき彼が話したことで、最も受講者にインパクトをもって受け止められたのが、**「アクトファースト」**という考え方です。**行動をしない限りは、物事が動き出さない。まず行動しよう、そして行動しながら考えよう**ということでした。

ノーベル平和賞受賞者の言葉でもありますし、受講者も感銘を受けていました。録画された動画を後で見た人たちも、アクトファーストの考え方に納得し、感動していました。

ただ、ユヌス氏のアクトファーストに疑問を持つ人もいました。その考えを否定するということではなく、「闇雲に行動をしろ」と言っているのか、「強い意志の力で行動を続けていこう」と語り掛けているのか、はたまたほかの意味なのか、詳細には語られなかったのです。

そのセッションには、エアークローゼット社の天沼《あまぬま》聰《さとし》社長も参加していました。エアークローゼットは起業して数年ですが、急激に成長しているベンチャー企業です。女性向けのファッション市場で、シェアリングエコノミーやサブスクリプションといった最先端のテーマと合致したビジネスを展開し、大きく注目を浴びています。

後日、彼とアクトファーストについて話し合いました。彼は当初、ユヌス氏の教えを、「強い意志をもって行動を継続し、得たい結果を勝ち取っていく」という意味なのだと思ったそうです。

天沼氏には、とにかく行動することで結果を出してきたという経験もありました。しかし、現在は経営者という立場です。自分が最前線で行動するというよりも、社員たちに頑張ってもらわなければいけない。しかし、強い意志や努力による行動を社員に強いてもなかなかうまくいかない、と感じていたそうです。

であれば、どうするべきなのか。ユヌス氏の話をより深く考えた結果として、アクトファーストは、強い意志を持って行動を繰り返すというよりも、**自分から努力や行動をしてしまうような生き方をするべき**、という意味だと思ったそうです。

どうしても行動してしまうような生き方

天沼氏の意見には、私も同感でした。**行動は変えるのではなく、変わってしまうものです。**我慢をして努力するのではなく、自分からどうしても行動をしたくなるような生き方をする。会社経営においては、社員たちが自ら自主性を持って行動に移っていけるような働き掛けや仕組みづくりをしていく必要があります。それらを含めて、ユヌス氏はアクトファーストと表現したのだと私は捉えています。

私がクライアントに勧めている**思考整理のメソッドは、勝手にアクトファーストの状態になってしまうための方法**だったのだと気付きました。脳内プログラムに適切に働き掛けて、自分の理想と現状のギャップに気が付く。そのギャップはいったいどのような脳内プログラムの作用によるものかと自問して、気付きを得た結果、行動が変わってしまう。

天沼氏にそう話すと、彼も社員に対して似たようなことをしていると教えてくれました。天沼氏は、ユヌス氏のセッションの後に深くそのことを考えた結果、入社後間もない社員と、交換日記のようなものをしているそうです。社員から1日の体験や気付きをノートに書き提出してもらい、社長自らコメントを書いて返す。地道なことですが、まだ会社にアジャストできていない新人が自ら行動していくようになるためには、いちばん効果的だと思っているそうです。

3分野に働き掛けていればギャップが埋まる

自分自身の理想と現状のギャップを適切に捉えて、そのギャップを生み出している脳内プログラムに働き掛けると、行動が変わってしまう。このことを意識していくとイニシアティブが人生の随所に効くようになります。

行動が変わってしまうと聞くと、頼りなく感じるかもしれません。何かはっきりとした目標があって、そこに向かって行動するからこそ人生が変わるのであって、自然発生的な行動でうまくいくのか、ということです。

しかし、それで大丈夫です。

変化を嫌う脳内プログラムは、本書で取り上げたイニシアティブを効かせるべき3

分野に働き掛けてきます。いままでと同じ時間の使い方をさせ、同じ人間関係を保たせるために感情を動かしてきます。つまり、この3分野を常に手入れしていれば、自然と変化を嫌うプログラムの効力が失われていきます。

夢を叶えるということ、具体的な理想像を決めて、そこに一直線に進んでいくイメージがありますが、これは人間が苦手な「目標を立てる」ということと同義です。3分野において「やめること」にフォーカスしていれば、だんだんとバッファが生まれ、自分の理想に近付いていきます。必要なことを新しく始めるということではなく、不要なことをそぎ落とすことで、自然と自分が取るべき行動を選択していくということです。

私たちは自分のパラダイム（支配的思考パターン）をもとに行動します。理想と現状のギャップを生み出している脳内プログラムに働き掛けるということは、まさにパラダイムを変化させることです。これを何度も何度も繰り返していく。そうしてギャップが埋まっていくのです。

自分を知り、理想を叶えた女性

理想と現状のギャップを捉えることで人生が好転する、という話のまとめして、あるクライアントの事例を紹介します。ここまでさまざまな説明をしてきましたが、彼女の事例を紹介すると全体像が掴みやすいと思います。

私がコンサルティングをさせていただいていた当時、彼女は営業職として企業に勤務していました。ご両親の住む実家が老朽化していて、建て替えのために、どうしても短い時間内で収入を上げたい。営業職ということもあり、業績が上がればそれに伴い収入も上がるということでした。

まず思考整理の方法を伝え、実践してもらいました。並行して時間の使い方を見直して、バッファを生み出すようにアドバイスしました。差し迫った事情があり、結果を必要としていたからか、彼女は順調にスケジュールを空白にしていくことができました。

しばらくすると、時間の使い方を変えたことにより人間関係に軋轢《あつれき》が生まれ、不安感が増したようでした。この頃の様子は、思考整理のメモやエクセルにまとめたものに如実に表れていました。本書でも解説した厚黒学や、人を4タイプに分類する方法などを紹介しながら、バッファとして生まれた時間で、欲望リストの作成や、エクセルで自分史を作るアクティビティも進めてもらいました。

この間ずっと思考整理を継続してもらっていたのですが、3カ月ほど経った時点で一度大きく整理をしてみると、こんな内容になりました。

自分は人当りも良くコミュニケーションが得意なように見られるけれど、目的をもって人と接することは苦手。営業としてお客さんと接しているときにサービス内容や予算のことなどを考えると、何を話していいのかわからなくなる。これ以上営業として業績を伸ばすのは難しいのではないか。

これはもう、理想と現状のギャップを適切に捉えたことになると言えます。ここが大きなポイントとなりました。

そうして「秘密の質問」を自分に投げ掛けてもらうようにしました。営業として成績を伸ばしたいのに、その邪魔をする脳内プログラムについて考えてもらったのです。

1週間後、彼女は話してくれました。彼女の父親は教員であったこと。父親は営業という仕事を悪く言っていたこと。彼女も父親の期待に応えて教員になろうとしたけれど、希望していた大学に合格できなかったこと。営業を悪く言っていたのに、営業をしている自分に自宅の建て替え費用を期待している父親への反発心があること。これらすべてが脳内プログラムとして、彼女に相互作用を及ぼしているのは明らかでした。

「それでも営業として業績を上げることを希望しますか」と聞くと、彼女は「やります」ときっぱりと言いました。

そうしてコンサルを始めて半年くらい経った頃から、彼女の営業成績が上がり始めました。報酬体系から考えて、どんなに業績を上げても当初の年収から1・5倍くらいが限界かと考えていましたが、結果的に、1年後には2倍に近い年収が狙える状況になりました。そして数年後には、無事に実家の建て替えができたそうです。

CHAPTER.04

07 私たちが持つべき夢とは

夢はバーターを連れてくる

私は、夢の実現をテーマに、成功を望む人にアドバイスをすることを職業にしています。とはいえ、私はブログもやっていませんし、直接の知り合いでない限りは、私のサービスを受けるための窓口はありません。

多くの場合、クライアントのみなさんは人の紹介をたどっていらっしゃいます。そこまでするのですから、相当の熱意がある方ばかりです。それでもなお、自分ではどうすることもできず、夢にリーチすることができないと言います。

そうした人たちのサポートは非常にやりがいがありますが、困ったこともあります。

思考整理のノウハウが完成してからは、ある程度の期間をかけて思考整理のメソッドを実践してもらい、理想と現状のギャップを把握してからアドバイスをしていくというスタイルにしています。そのため、短期間でのアドバイスはお断りしているのですが、先方の都合で短いスパンでのアドバイスを頼まれるケースもあります。そうすると、クライアントが考える理想の人生について、私がなんとなくしっくりこないと感じていても、最短ルートを教えることになります。

そういうときによく発生する現象があります。**夢が叶うときにバーターを連れてきてしまう**ということです。

バーターとは、芸能事務所がテレビ局などにタレントを売り出す交渉方法です。例えば、事務所が売れっ子とそうでないタレントを抱えているとします。番組から売れっ子タレントをオファーされたら、事務所はそのタレントを出演させる代わりに売れていないタレントも一緒に出演させるように依頼します。

テレビ局にとって売れっ子に出演してもらえるのはいいですが、そのために売れていないタレントに時間を割かなければいけなくなります。自分たちの作りたい番組の純度が薄まり、余計な要素が入ってしまうわけです。

同じことが夢を叶える過程で起きてきます。

あるクライアントは、私と出会ったときから「自分の本を出版したい」という、子どもの頃からの夢を語っていました。しかし、出版してどうしたいのか、また、どんな本を出版したいのかについては、あまり深く考えていませんでした。自分の夢ですし、家族にも喜ばれるし、とにかく自分の本を出したいと言います。

本当はその部分をしっかりと明確にした上でコンサルティングを進めたかったのですが、先方の都合もあり、短期間でのコンサルティングとなりました。

結果的に彼女は何冊も出版することができたのですが、本が出版されると、彼女を取り巻く人間関係に変化がありました。

もともと彼女は積極的に世の中に打って出るようなタイプではなく、穏やかに過ごしてきていました。その彼女が何冊も本を出版すると、一部の友人たちが、「あなたは付き合いづらくなった」と離れていきました。最初は「応援するよ」と言ってくれていた友人にも、冊数が増えていくと、「あなたは何冊本を出すのよ」と言われ、疎遠になってしまいました。突然脚光を浴びた彼女への嫉妬なのかもしれません。

彼女の出版という夢は、人間関係を変えるというバーターを連れてきてしまったのです。人間関係をとても大切にする彼女は、心に大きな痛手を負ってしまいました。

その夢に必然性はあるか

夢はあっさりと自然に叶う場合もあれば、受け入れがたいバーターを連れてくる場合もあります。その分かれ道は、その人にとって必然性のある夢であったかどうかではないかと思います。

しかし、彼女は読書も好きですし、独特のセンスもあります。何より一つのことに根気良く取り組む実直さもあり、出版が彼女の夢であっても何の違和感もありませんでした。ではなぜ、夢はバーターを連れてきたのでしょうか。

彼女は、異文化コミュニケーションや多様性を尊重することなどのテーマに、ライフワーク的に取り組んでいます。そのテーマは彼女の生き方にも反映されていて、キャリア的にもしっくりくるものでした。しかし出版されたのは、成功するかしないかを峻別し、裁くようなタイトルの本でした。本来の穏やかな彼女のパーソナリティーよりも、尖った内容です。出版ありきでマーケットに合わせていった結果そうなったそうです。

仮定の話に過ぎませんが、もし、彼女がずっと追い掛けてきたテーマで出版していれば、夢はバーターを連れてこなかったのかもしれません。

ちなみに彼女は穏やかながらガッツある女性なので、いまはライフワーク的なテーマについての仕事に楽しく取り組んでいます。

人生の最大の目的とは

私は本人にとって必然性のある夢を**「純度の高い夢」**と呼んでいます。この**純度の高い夢を捉えるために必要なのが、自分を知ること**です。第3章でお話しした自分を知るためのアクティビティは、ここに帰結します。自分が本当に望む枠内よりもっと大きな夢を望んだり、そのことに気付かなかったりするために、突拍子もない夢を見たりします。

必然性のない夢を追い掛ける非効率的で非効果的な生き方ではなく、自分自身をきちんと知り、不純物を取り除いていく。そして自分が抱くべき純度の高い夢を見て、それを叶えるべく生きていく。そのほうが幸せだと思うのは、私だけではないと思います。


それは**結果を求めることよりも、自分を知ることのほうが大事**だということかもしれません。人生は、何か崇高なことを成し遂げるもの、と捉えている人もいます。特に行動至上主義の人は、結果を大切に考えます。そのどちらが正しいと言いたいわけではありません。行動に重きを置くのも、自分を知ることに重きを置くのも、本人のスタンスの問題なのかもしれません。

しかし私は、人生の目的とは、生きていくプロセスの中で、自身がどういう存在なのか、何のために生まれてきたのかを知るということではないかと考えます。その観点からイニシアティブシンキングをお伝えしてきました。

物事を成し遂げて初めて人生を楽しめるようになるのではなく、自分自身を知るすべてのプロセスそのものを楽しんでいく。それができれば、あなたにとって最上の日々が訪れるはずです。

あとがき

最後までお読みいただきありがとうございます。

どのように人生を歩んできた人であっても、その人それぞれに合わせた形で、トラブルや悩み事はやって来ます。それは避けられないことではありますが、自分の目の前に壁が立ちはだかるということは、その壁を必ず乗り越えられるということでもあります。臆し、不安のままに立ち止まるよりも、どうせなら人生で起こるすべてのことを、笑い、楽しみ、味わい尽くしたいものです。

これまで、コンサルタントとしての経験を重ねる中で、人が幸せになるには、成功するにはどうすればいいのかと、考え続けてきました。そこで得た気付きや教えを本書でも書き連ねてきたわけですが、少しずつその答えが見えてきたように思います。

いま、私たちに必要なのは「自分を知ること」。このひと言に尽きるのではないかと思います。自分を知ることでこそ、人生のさまざまな選択において、幸せになるための決断をしていくことができます。

本文にも書きましたが、人生は自分を知る旅です。そして、その旅は死ぬまで続きます。本書が、読者の皆様の旅路を明るく示すハンドブックとなれば、著者として望外の喜びです。

さて、本書の作成に当たりましては、いままで私の言葉に耳を傾けてくださいました、法人や個人のクライアントの皆様、関係者様に御礼申し上げます。クライアントの皆様との本音のやり取りがなければ、本書は誕生しなかったでしょう。

偉大な教えを授けていただいた、スティーブン・R・コヴィー博士、スペンサー・ジョンソン氏、マーシャル・ゴールドスミス氏にも改めて感謝いたします。

そして、私とはまったく違う価値観を持ち、常に新鮮な驚きを身近で与えてくれる妻と娘にも、この場を借りて感謝を伝えます。いつもありがとう。

最後に、本書の編集者である久保木勇耶氏に、感謝申し上げます。私の真意をくみ取り、適切なアドバイスでサポートいただきまして、誠にありがとうございました。

2020年2月

山岸洋一

【著者紹介】

山岸洋一　（やまぎし・ひろかず）

1966 年生まれ。千葉大学卒業後、大手 IT 企業で SE として金融機関のシステム構築に従事。パソコン事業部門に異動し、ヘルプデスク部門を統括。最新技術を紹介する技術読本の執筆やセミナーの講師を担当。その後『7 つの習慣』で有名なフランクリン・コヴィー社の日本法人に転職。2 万人以上に『7 つの習慣』をベースとしたセミナーを受講させる。また、『7 つの習慣』の子ども向け展開事業を新規開発し、事業統括を行う。

トップセールスとしてセールスチームをマネジメントし、20 四半期連続目標達成の記録を樹立。世界 130 支店の中でトップクラスの営業担当 500 人のうち、さらに優秀な成績を上げた者にだけ贈られる米国本社 CEO 表彰を 5 年連続受賞。

その業績からスティーブン・R・コヴィーと直接仕事をするようになり、そこで受けた教えと、プライベートで回答してもらった 10 の質問はいまでも財産となっている。

ほかにも、コーチングの神様といわれるマーシャル・ゴールドスミスや『チーズはどこへ消えた？』のスペンサー・ジョンソンからも教えを受ける。

現在は独立し、組織・個人向けのコンサルティングを行い、有料セミナー、セッションを受講した人数は累計 2,000 人を超える。個別セッションにより導き出されたノウハウにより、特に女性の潜在的なポテンシャルを引き出すことに成功している。

ニュースレター登録のご案内

イニシアティブシンキングを
効果的に実践していくためのコツを、
ニュースレター形式でお届けします。

ご興味のある方は、
下記のアドレスよりお申し込みください。
また、QRコードを読み取れば、
登録ページへ簡単にアクセスできます。

https://yamagishihirokazu.com/newsletter/

本サービスは予告なく終了する場合がございます。
予めご了承ください。
個人情報は、ニュースレター配信の目的のみに使用します。
個人情報の保護に関する法令およびその他の規定を順守し、
個人情報は適正に取り扱われます。

ブックデザイン　別府拓（Q.design）
イラスト　ぷーたく
DTP・図表　横内俊彦
校正　菅波さえ子

人生の決め方

2020年3月22日　初版発行

著　者　山岸洋一
発行者　野村直克
発行所　総合法令出版株式会社
〒103-0001 東京都中央区日本橋小伝馬町15-18
ユニゾ小伝馬町ビル9階
電話　03-5623-5121

印刷・製本　中央精版印刷株式会社

落丁・乱丁本はお取替えいたします。

ISBN 978-4-86280-734-2

総合法令出版ホームページ　http://www.horei.com/